1週間で仕上げる

賃貸不動産経営管理士

合格る

チェックシート

TAC賃貸不動産経営管理士講座 編

TAC出版
TAC PUBLISHING Group

はしがき

　賃貸不動産経営管理士の本試験まで残りわずかとなってまいりました。いよいよ本試験にむけてラストスパートをかける時期です。この直前期において重要なことは、今年の試験で出題が予想される論点を効率よくマスターしておくことです。そして、そのご要望にお応えするために本書を製作いたしました。

　賃貸不動産経営管理士試験は、出題範囲が債貸不動産管理に関係する法令、建物の維持保全、管理業務の実務、そして、新法である賃貸住宅管理業法と非常に多岐にわたります。受験生にとっては、科目ごとに方向性の異なる知識の習得を求められることになるため、その対応に苦労される方も多いかと思われます。また、出題形式も個数問題や組合せ問題といった、単なる「四肢択一」ではないものも多く、この点も受験生にとって厚い壁になっていることでしょう。そして、今年は国家資格化されて4度目の試験であり、一体どのようなレベル・内容になるのか不安に思われている受験生も多いのではないでしょうか。

　しかし、賃貸不動産経営管理士試験に合格するためには、何も**満点を取る必要はなく**、過去に出題された論点や各テーマの基本事項に基づく知識で解答できる問題を取りこぼすことなく得点できれば、合格点に到達することは十分可能なのです。

　本書は**過去9年の出題論点**や、ここ**数年の出題傾向、最新の法改正情報**を踏まえ、特に出題可能性の高い50のテーマを厳選してチェックシートに分類しました。この50のテーマを1週間でマスターできるように編集するとともに、各論点を簡潔にまとめて表形式にしたり、受験生の方が陥りやすい間違いや考えるヒントを コメント**①** ・ 解ける覚え方 で解説したり、特に今年の本試験で出題が予想される箇所を 💡今年のヤマ として指摘することで、**短期間で効率よく知識の復習と横断整理が**できるような構成になっています。

　これからの本試験までの短い期間をどれだけ有効に使えるかが、合否を左右すると言っても過言ではないでしょう。合格に必要な知識をできるだけ多く、そして正確に覚えるために本書を繰り返して活用していただき、読者である受験生の皆様が合格を勝ち取られることを願ってやみません。

令和6年6月
TAC賃貸不動産経営管理士講座

＊本書は、令和6年度に行われる本試験に合わせ、令和6年4月1日現在施行されている法令等に基づいて執筆しています。

本書の特長と利用の仕方

直前フォーカス

各項目の簡単な内容や考え方、最後に覚えておくべきポイント、ヤマである根拠などを記載しています。**今年の本試験にポイントを絞った最終確認と記憶ができる**はずです。

3日目

合格る チェック シート **14**

賃貸不動産管理に関係する法令

賃貸借契約③

直前フォーカス

「借主の義務」はいずれの項目も重要である。特に今年は「2.返還・原状回復義務」「5.通知義務」を注意しよう。

今年のヤマ

今年の本試験で狙われそうな箇所を示しています。

借主の義務　今年のヤマ

1. 賃料の支払義務 ❷❸

意義	建物・敷地の使用の対価
支払時期	建物の場合、毎月末日（後払い）【例】10月分は10月31日）❶

コメント❶　特約で先払いとすることが多い（【例】「翌月分を毎月27日までに支払う」）。

コメント❷　建物が使用・収益できない場合には、賃料は次のような扱いとなる。

責任の所在		賃料の扱い
貸主	全部使用できない	発生しない。
	一部使用できない	使用できない部分の割合に応じて減額
借主		全額発生
双方に責任なし（不可抗力）		発生しない。

コメント❸　通常の建物の賃貸借の場合、**賃料債権**は、5年の消滅時効に服する（当然に消滅するのではなく、借主の消滅時効を援用する旨の意思表示が必要）。

2. 返還・原状回復義務

原則	借主は、**賃貸借契約の終了時**に、引渡し後に生じた損傷がある場合、その損傷を原状回復して返還
例外	次のいずれかの場合には原状回復義務を負わない。
	① 通常の使用収益によって生じた損耗（通常損耗）・経年変化
	② 借主の帰責事由によらない損傷

3. 保管義務　今年のヤマ

借主は、善管注意義務〜

28

本文

今年の本試験に出題される可能性の高い事項を図表で**整理**しました。必要に応じて**具体的なケース**を念頭に置きながら、**ポイント**を押さえることができるように記載しています。ここに記載されている事柄は、最低限確認しておきましょう。本試験で、きっと役に立つはずです。またキーワードは**赤ゴシック表記**になっていますので、どんどん覚えていきましょう。

4 次の場合、借主が**保管義務違反**による**債務不履行**として貸主に対して損害賠償責任を負う。
①借主の失火により賃貸不動産が滅失した場合
②借主の履行補助者（同居の家族・転借人等）による保管義務違反があった場合

4．用法遵守義務

借主は、契約又は目的物の性質によって定まった用法に従い賃貸不動産を使用・収益する義務を負う。**❺❻**

5 用法遵守義務違反により貸主に生じた損害賠償請求権は、賃貸不動産の返還を受けた時から1年以内に行使しなければならない。

6 ペット禁止特約がなくても、通常許容される範囲を超えたペットの飼育があり当事者の信頼関係を破壊する程度に至った場合、借主は用法遵守義務違反として債務不履行責任を負う。

5．通知義務　⚡今年のヤマ

次の場合、借主は、貸主がすでに知っている場合を除いて、遅滞なく貸主に通知しなければならない。

| ① | 貸主に修繕義務がある**修繕箇所を発見した場合**（修繕が必要である場合） |
| ② | 賃貸不動産について権利を主張する第三者がある場合 |

6．附属物の収去義務等

借主は、賃貸物件に附属させた物がある場合、**契約が終了**したときは、その附属物を収去する義務を負う（収去義務）。**❼**

7 反面、借主は、**附属物を収去する権利**を持つ（収去権、契約終了後に限らない）。

  解ける覚え方 借主の「**収去義務**」と「**収去権**」は、貸主から附属物を「撤去してくれ」と言われたら撤去しなければならないが、「**撤去しないでくれ**」と言われても**撤去することができる**ということ。

この過去問に注意 借主は、賃貸物件につき修繕を要すべき事故が生じ、貸主がこれを知らない場合、借主の義務として、貸主に通知しなければならない。　（H27-18）

答 修繕が必要となっているときは、貸主がすでに知っている場合を除いて、貸主に通知をしなければならない。　　　　　　　　　　　　　　〇

---

❶ **賃貸**

⓮ **賃貸不動産管理に関係する法令**

コメント

理由の説明や発展的な重要ポイント、問題解決のための着眼点などを記載しています。本文とともにしっかり読み進んでください。

解ける覚え方

問題解決に役立つ視点からの覚え方が記載されています。実践的に覚えることができます。

この過去問に注意

今年の本試験でそのまま出題されてもおかしくない過去の本試験の問題を掲載しています。各チェックシート学習の締めくくりとして自分で解いてみましょう。

目 次

賃貸住宅管理総論

賃貸住宅管理業法

賃貸不動産経営管理士

賃貸不動産管理に関係する法令

1週間で仕上げる

賃貸不動産
経営管理士
合格る 出るとこ予想
チェックシート

合格る
チェック
シート
①

賃貸不動産の意義と重要性

直前フォーカス

賃貸不動産管理に社会的に求められていることや賃貸住宅管理業者の責務・役割を整理しておこう。今年は空き家対策も要注意だ。

1．消費者保護・地域社会のための管理

消費者保護の要請
個人である借主を「消費者」と位置づけて、消費者保護の観点から不動産賃貸借関係をとらえようとする動きが活発化している。
借主の立場を配慮した管理
入居者の入れ替えで得られる一時金収入・手数料収入に期待するのではなく、**優良な借主に長く契約を継続してもらう**というニーズが大きくなっている。
地域社会のための管理
貸主の収益安定が最大限求められる時代の流れの中で形成されてきた賃貸不動産管理は、**貸主の賃貸経営のためという視点が強調**されてきた（**貸主のための管理**）。

⬇

賃貸不動産の適切な管理は、入居者・利用者（借主だけではなく同居者等も含む）の利益のためのものであり、さらに、その物件を含めた周辺の環境や街並み形成等に**資する**ものとして、**広く公共の福祉に貢献するものである**（**地域社会のための管理**）。

2．信頼関係確保の重要性

信頼関係の確保	法令等のコンプライアンスを重視し、貸主や借主との信頼関係を築き、これを維持することに最大限の配慮をすること
不適切な行為の禁止	契約に明示的に定められた事項に加えて**契約の趣旨から見て不適切な行為をしない**こと

3．賃貸住宅管理業者の社会的責務・役割　💡今年のヤマ

①資産運営のプロとしての役割
ア）**貸主のあらゆる資産**（不動産・金融資産等）**の組合せ**（ポートフォリオ）の中で、収益性の高い不動産資産の運用・提案が求められる。 イ）**不動産経営を総合的に代行する専門家**としての体制を備えることが要請される。
②循環社会への移行への貢献
ア）人口減少・成熟型社会を迎え、良質のものを長く使っていく**ストック重視の循環型社会への移行が課題**となり、**不動産の価値を維持・管理する役割**が高まっている。 イ）**街並み景観、街作り**にも貢献していくという**社会的責務**を負っている。
③業務に関する専門知識の研鑽と人材育成
管理業務に関する専門知識の研鑽と人材育成に努める。

④新たな経営管理手法の研究と提案等

不動産の証券化等の本格的導入に伴って、新たな経営管理手法を研究し、使いこなす高度な賃貸管理が求められる。

⑤能動的・体系的管理の継続（エンドレスの業務）

近年の賃貸管理では、貸主の経営代行という側面から、より能動的に「提案型の賃貸業務」が望まれ、能動的・総合的・体系的管理の継続が求められる。

⑥入居者の快適な生活空間の作出と非常事態におけるサポート

ア）入居者が求めるニーズを的確に把握し、管理サービスを提供する。
イ）これまで行われていた管理の継続が困難となる非常事態が発生しても、入居者の安全・安心の生活の継続ができるように配慮する。

4．不動産業ビジョン2030～令和時代の『不動産最適活用』に向けて～（国土交通省2019（平成31）年4月24日公表）

　ストック型社会の実現に向けて、今後、不動産管理業者は、『不動産最適活用』を根源的に支える役割を担うと位置づけられている。

各業態固有の役割

不動産管理業	・資産価値の維持・向上を通じたストック型社会の実現 ・コミュニティ形成、高齢者見守りなど付加価値サービスの提供 ・エリアマネジメント推進
不動産流通業	・的確な情報提供による取引の安全性確保 ・消費者の多様なニーズに対応するコンサルティング能力の強化 ・地域の守り手として地域活性化を支える存在になる

5．空き家対策 💡今年のヤマ

原状	900万戸、空き家率13.8%・過去最高（令和5年住宅・土地統計調査）
空き家対策特別措置法	①倒壊等著しく保安上危険となるおそれのある状態等の特定空家等に対する除去等の勧告・命令等 ②放置すれば特定空家等となるおそれのある管理不全空家等の所有者等に対する勧告等 ③勧告に従わない特定空き家等・管理保全空家等の固定資産税軽減措置の適用廃止（固定資産税が最大6倍になる） ④特定空家等について、代執行の円滑化を図るため命令等の手続きを不要とする緊急代執行制度の創設 ※賃貸住宅も特定空家等・管理不全空家等の指定対象である。

この過去問に注意

「不動産業ビジョン2030～令和時代の『不動産最適活用』に向けて～」（国土交通省平成31年4月24日公表）は、不動産流通業の役割として、資産価値の維持・向上を通じたストック型社会の実現、コミュニティ形成、高齢者見守りなど付加価値サービスの提供やエリアマネジメント推進を指摘した。（R4－44）

答　不動産流通業の役割とされているのは、「的確な情報提供による取引の安全性確保」、「消費者の多様なニーズに対応するコンサルティング能力の強化」や「地域の守り手として地域活性化を支える存在になる」である。本問の記述は不動産管理業の役割である。　　　　×

賃貸住宅管理業法

合格る■チェックシート②

賃貸住宅管理業者の登録制度①

直前フォーカス

「賃貸住宅」と「管理業務」の定義は確実に押さえよう。「登録の拒否事由」も確認しておこう。

1. 用語の意味 今年のヤマ

賃貸住宅 ❶	賃貸の用に供する住宅で、人の居住の用に供する家屋（アパート一棟等）又は家屋の部分（マンションの一室等） ※オフィスや倉庫等は住宅に該当しない。
管理業務 ❷	①維持保全業務 　賃貸住宅の維持保全（住宅の居室及びその他の部分について、点検・清掃等の維持を行い、必要な修繕を行うこと）を行う業務 ※入居者からの苦情対応のみ行うことは維持保全に該当しない。 ②家賃等の管理業務 　①の維持保全業務と併せて行う、家賃・敷金・共益費その他の金銭の管理を行う業務
賃貸住宅管理業	賃貸住宅の貸主から委託を受けて、管理業務を行う事業 ❸

コメント❶ ①入居者を募集中の家屋等や募集前の家屋等であっても、それが賃貸借契約の締結が予定され、賃借することを目的とされる場合は、賃貸住宅に該当する。
②家屋等が建築中である場合も、竣工後に借主を募集する予定で、居住の用に供することが明らかな場合は、賃貸住宅に該当する。

コメント❷ 維持保全に係る契約の締結の媒介、取次ぎ又は代理を行う業務も含まれる。

コメント❸ ①分譲マンションの一室のみの維持保全を行う業務は、共用部分の管理を別のマンション管理業者が行っている場合でも、賃貸住宅管理業に該当する。
②マンスリーマンションの維持保全を行う業務は、利用者の滞在期間が長期に及び、生活の本拠としての使用が予定されている場合、賃貸住宅管理業に該当する。

2. 賃貸住宅管理業者の登録 今年のヤマ

登録申請	賃貸住宅管理業を営もうとする者は、国土交通大臣の登録を受けなければならない。 ※賃貸住宅の戸数が200戸未満であるときは、登録不要 ※法人の登録は法人単位であり、支社・支店ごとにはできない。
登録の拒否	国土交通大臣は、申請者が、①登録の拒否事由に該当する、②申請書や添付書類の重要な事項に虚偽の記載がある・記載が欠けているときは、登録を拒否しなければならない。

【登録の拒否事由】

次のいずれかに該当する場合、**登録が拒否**される。

①	**心身の故障**により賃貸住宅管理業を的確に遂行することができない者
②	破産手続開始の決定を受けて復権を得ない者
③	以下の事由により登録を取り消され、その取消しの日から **5 年を経過しない者** ア）登録拒否事由に該当した イ）不正の手段で登録を受けた ウ）賃貸住宅管理業に関し法令・命令に違反した エ）賃貸住宅管理業者が登録を受けてから 1 年以内に業務を開始しない オ）引き続き 1 年以上業務を行っていない
④	上記③により登録を取り消された者が**法人**の場合は、取消日前30日以内に法人の役員だった者で取消しの日から **5 年を経過しない**もの
⑤	**禁錮以上の刑**（禁錮・懲役）に処せられ、その執行を終わり、又は執行を受けることがなくなった日から起算して **5 年を経過しない者**
⑥	賃貸住宅管理業法の規定により**罰金の刑**に処せられ、その執行を終わり、又は執行を受けることがなくなった日から起算して **5 年を経過しない者**
⑦	**暴力団員**又は暴力団員でなくなった日から **5 年を経過しない者**（暴力団員等）
⑧	賃貸住宅管理業に関し**不正または不誠実な行為**をするおそれがあると認めるに足りる相当の理由がある者
⑨	営業に関し成年者と同一の行為能力を有しない未成年者でその法定代理人が上記①～⑧のいずれかに該当するもの
⑩	**法人**で、その役員のうちに上記①～⑧までのいずれかに該当する者があるもの
⑪	暴力団員等がその事業活動を支配する者
⑫	賃貸住宅管理業を遂行するために必要と認められる**財産的基礎を有しない者**
⑬	営業所又は事務所ごとに**業務管理者**を確実に選任すると認められない者

 ⑫について

登録の拒否事由に該当しない「財産的基礎を有する」とは、「財産・損益の状況が良好であること」である。具体的には**次のいずれも満たしていること**をいう。

・負債の合計額が資産の合計額を超えないこと
（超えていても直前 2 年の各事業年度で当期純利益が生じていれば登録できる）
・支払い不能に陥っていないこと

 賃貸人から委託を受けて、金銭の管理のみを行う業務については、賃貸住宅の維持及び修繕（維持・修繕業者への発注を含む。）を行わない場合には、「賃貸住宅管理業」には該当しない。

（R 4 −33）

答 金銭の管理を行う業務は、賃貸住宅の維持保全と併せて行うものに限り、賃貸住宅管理業に該当し、金銭の管理のみを行う業務は、賃貸住宅管理業には該当しない。 ○

合格る チェック シート ③ 賃貸住宅管理業者の登録制度②

直前フォーカス

賃貸住宅管理業者登録制度の基本事項・業務管理者に関する事項は出題される可能性が高い。もれなく押さえておこう。

1．賃貸住宅管理業者登録簿の登録事項・変更の届出 今年のヤマ

①	商号、名称又は氏名・住所
②	法人の場合、その役員の氏名
③	未成年者の場合、その法定代理人の氏名・住所（法定代理人が法人の場合、その商号又は名称・住所・その役員の氏名）
④	営業所又は事務所の名称・所在地
⑤	登録年月日・登録番号

　管理業者は、①〜④の事項に変更があったときは、その日から**30日以内**に、その旨を国土交通大臣に届け出なければならない。

2．登録の有効期間と更新 今年のヤマ

登録の有効期間	5年間
更新の申請期間	有効期間満了日の90日前から30日前までの間
更新後の有効期間	従前の登録の有効期間満了の日の翌日から起算して5年間
有効期間の満了の日までに更新申請に対する処分がなされない場合	従前の登録は、処分がなされるまで有効 ※この場合、更新後の有効期間は、従前の登録の有効期間の満了の日の翌日から起算

3．廃業等の届出 ※登録は、該当することとなった時に効力を失う。 今年のヤマ

形態	事由	届出義務者	届出期間
個人業者	死亡	相続人	死亡の事実を知ったときから30日以内
	管理業を廃止	管理業者であった個人	その日から30日以内
法人業者	合併により消滅	消滅した法人を代表する役員であった者	その日から30日以内
	破産手続開始の決定により解散	破産管財人	
	上記以外の理由により解散	清算人	
	管理業を廃止	管理業者であった法人を代表する役員	

4. 業務管理者 今年のヤマ

設置義務	管理業者は、その**営業所又は事務所**ごとに、1人以上の**業務管理者**を選任しなければならない。❶
資格	**業務管理者**は、管理業者の**登録拒否事由**の①〜⑨（P.5）に該当しない者で、次のどちらかに該当するものでなければならない。 ┌─────────────────────────────────┐ │ 2年以上の実務経験　＋　登録証明事業による証明を受けている者（合格者）│ └─────────────────────────────────┘ ┌─────────────────────────────────┐ │ 2年以上の実務経験　＋　宅地建物取引士　＋　指定講習修了 │ └─────────────────────────────────┘
禁止事項	管理業者は、選任した**業務管理者**が登録拒否事由に該当するか、又は**全てが欠けたとき**は、新たに業務管理者を選任するまでの間は、その営業所等において**管理受託契約を締結できない**。
業務	管理業者は、**業務管理者**に、営業所等における業務に関し、次の事項についての管理・監督に関する事務を行わせなければならない。 ①管理受託契約の重要事項説明の書面の交付・説明に関する事項 ②管理受託契約の契約締結時の書面の交付に関する事項 ③管理業務として行う**賃貸住宅の維持保全の実施**に関する事項 ④賃貸住宅に係る**家賃・敷金・共益費その他の金銭**の管理に関する事項 ⑤**帳簿の備付け等**に関する事項 ⑥**定期報告**に関する事項 ⑦秘密の保持に関する事項 ⑧**賃貸住宅の入居者からの苦情の処理**に関する事項 ⑨賃貸住宅の入居者の居住の安定・賃貸住宅の賃貸に係る事業の円滑な実施を確保するため必要な事項として国土交通大臣が定める事項

①**営業所又は事務所**とは、**管理受託契約の締結・維持保全の手配・家賃、敷金、共益費その他の金銭の管理の業務**が行われ、継続的に賃貸住宅管理業の営業の拠点となる施設として**実態を有するもの**をいう（本店、支店、営業所等の**名称を問わない**）。
②業務管理者は、**他の営業所又は事務所の業務管理者となることができない**。
③業務管理者が宅地建物取引士も兼務することができるが、従業員が行う管理業務等について**必要な指導・管理・監督の業務に従事できる必要がある**。

A営業所の業務管理者は、B営業所の業務管理者がやむを得ない事情で業務を遂行することができなくなった場合には、B営業所の業務管理者を兼務することができる。　　　　　　　　　　　　　　　　　　　　　　　　　　　　（R5－27）

答　業務管理者は、他の営業所又は事務所の業務管理者となることができない。これは、やむを得ない事情で業務を遂行できなくなった場合でも変わらない。　　　　　　　　　　　　　　　　　　　　　　　　　×

合格るチェックシート④ 賃貸住宅管理業者の登録制度③

直前フォーカス

　管理受託契約についての重要事項の説明は必ず出題されるテーマであり、細かい事項まで問われる。管理受託契約変更契約についての重要事項説明は、昨年の改訂点なので、出題される可能性が高い。特に注意をして押さえておこう。

1. 管理受託契約の重要事項の説明　今年のヤマ

説明をする時期	契約の締結前 ※契約締結までに1週間程度の期間をおくことが**望ましい**。 ※**契約期間中又は契約更新時に重要事項の変更契約（管理受託契約変更契約）をする場合**、**説明の相手方の承諾があれば**、契約締結まで期間をおかないとすることができる。
説明をする者	**業務管理者でなくても説明できる。** ※**賃貸不動産経営管理士によって行われることを推奨**
説明の相手方	**賃貸住宅の貸主**（委託者：物件のオーナー）**❶**
重要事項説明書の交付の方法	書面を交付する。 ※**貸主の承諾があれば、電磁的方法で提供可能 ❷**

コメント❶ 相手方が賃貸住宅管理業者や特定転貸事業者、**宅地建物取引業者、独立行政法人都市再生機構等**の場合、**重要事項説明書の交付・説明は不要**である。

コメント❷ この場合、重要事項説明書を**出力して書面を作成でき**、改変が行われていないか確認できることが必要である。

【重要事項（重要事項説明書の記載事項）】　今年のヤマ

①	管理受託契約を締結する管理業者の商号、名称又は氏名、登録年月日・登録番号
②	管理業務の対象となる賃貸住宅
③	**管理業務の内容・実施方法**（回数や頻度、苦情や問い合わせへの対応内容等）
④	**報酬の額、その支払の時期・方法**
⑤	**報酬に含まれていない管理業務に関する費用で、管理業者が通常必要とするもの**（例えば、管理業務に必要な水道光熱費、空室管理費等）
⑥	**管理業務の一部の再委託に関する事項**（再委託する業務の内容、再委託予定者）
⑦	**責任・免責に関する事項**（賠償責任保険によって**管理業者が責任を負わない旨**等）
⑧	**委託者への報告に関する事項**（**報告する内容やその頻度**）
⑨	**契約期間に関する事項**（管理受託契約の始期、終期及び期間）

⑩	賃貸住宅の**入居者に対する**管理業務の内容・実施方法の**周知に関する事項**
⑪	**管理受託契約の更新・解除**に関する事項

2．管理受託契約変更契約に際しての重要事項説明 今年のヤマ

・管理受託契約変更契約を締結しようとする場合には、**変更事項**について、貸主に書面の交付等を行った上で説明**すれば足りる**。

・管理業法施行前に締結された管理受託契約で、貸主に対して**管理受託契約重要事項説明を行っていない場合**は、**管理受託契約変更契約を締結しようとするときに、全ての事項**（前記の①～⑪）について、重要事項説明を行わなければならない。

・「契約の同一性を保ったままの契約期間のみの延長」「組織運営に変更のない商号又は名称等の変更等」の場合、重要事項の説明は不要である。

・管理受託契約変更契約の重要事項の説明は、次の要件をすべて満たしている場合、電話による説明が可能である（後から対面を希望する申出があった場合は、対面で説明）。

①事前に**重要事項説明書等を送付**している。
②貸主から**電話で説明**してほしいとの依頼がある。
③貸主が、**重要事項説明書等を確認**しながら説明を受けることができる状態にあることについて、**事前確認**している。
④貸主が、重要事項説明の内容を**理解**できたどうか、**説明後に確認**している。

3．貸主の変更に際しての重要事項説明 今年のヤマ

契約期間中に貸主の変更（オーナーチェンジ）があった場合の対応は、次のようになる。

同一内容によって管理受託契約が**承継される**場合	遅滞なく、新たなオーナーに管理受託契約の内容が分かる書類を交付することが望ましい。
管理受託契約に特約がなく、契約が**承継されない**場合	新たなオーナーに重要事項説明・契約締結時書面の交付を行わなければならない。

4．ITによる重要事項説明

次の要件をすべて満たす場合、テレビ会議等の**IT**を活用して重要事項説明ができる。

①説明者・相手方が、図面等の書類・説明の内容について**十分に理解**できる程度に映像が視認でき、かつ、**双方が発する音声を十分に聞き取る**ことができるとともに、**双方向でやりとりできる環境**において実施している。
②相手方が承諾した場合を除き、**重要事項説明書・添付書類をあらかじめ送付**している。
③相手方が、**重要事項説明書・添付書類を確認**しながら説明を受けられる状態にあること、映像・音声の状況について、**重要事項の説明を開始する前に確認**している。

管理受託契約重要事項説明は、管理受託契約の締結とできるだけ近接した時期に行うことが望ましい。　　　　　　　　　　　　　　　　　　　　（R3－1）

答	説明から契約締結までに1週間程度の期間をおくことが望ましい。✕

合格る■チェックシート5 **賃貸住宅管理業者の登録制度④**

🔍 **直前フォーカス**

　　管理受託契約締結時の書面の交付は重要事項説明とセットで押えよう。管理業者の業務上の義務については「財産の分別管理」「帳簿の備付け等」が要注意だ。

1. 管理受託契約の締結時の書面の交付 💡今年のヤマ

　　管理業者は、**管理受託契約を締結したとき**は、賃貸住宅の貸主に対し、**遅滞なく、管理受託契約締結時の書面を交付**しなければならない。**❶**

【管理受託契約締結時の書面の記載事項】

①	管理業務の対象となる賃貸住宅
②	**管理業務の実施方法**
③	**契約期間**に関する事項
④	**報酬**に関する事項（報酬の額・支払時期・支払方法）
⑤	**契約の更新又は解除**に関する定めがあるときは、その内容
⑥	管理受託契約を締結する管理業者の商号、名称又は氏名、登録年月日・登録番号
⑦	**管理業務の内容**
⑧	**管理業務の一部の再委託**に関する定めがあるときは、その内容
⑨	**責任・免責**に関する定めがあるときは、その内容
⑩	**委託者への報告**に関する事項
⑪	賃貸住宅の入居者に対する管理業務の実施方法・内容の周知に関する事項

 ❶

①契約締結時の書面も、**貸主の承諾**があれば、**電磁的方法による提供**ができる。

②**管理受託契約変更契約**を締結する場合には、**変更事項**について、貸主に書面を交付すれば足りる（「契約の同一性を保ったままの契約期間のみの延長」「組織運営に変更のない商号又は名称等の変更等」の場合、管理受託契約締結時書面の交付は不要）。

③**管理受託契約の重要事項説明書と契約締結時の書面を一体で交付することはできない**。

④管理業法施行前に締結された管理受託契約で、貸主に管理受託契約締結時書面の交付を行っていない場合は、**管理受託契約変更契約を締結したときに、全ての事項**（前記の①〜⑪）が記載された**管理受託契約締結時書面の交付**を行わなければならない。

2. 賃貸住宅管理業者の業務上の義務① 💡今年のヤマ

名義貸しの禁止	自己の名義で、他人に賃貸住宅管理業を営ませてはならない。

再委託の禁止	委託者から委託を受けた管理業務の全部を他の者に対し、再委託してはならない。❷ ※再委託先は賃貸住宅管理業者である必要はない。
財産の分別管理	管理受託契約に基づく管理業務において受領する家賃・敷金・共益費その他の金銭（家賃等）を、「自己の固有財産」、「他の管理受託契約に基づく管理業務において受領する家賃等」と分別して管理しなければならない。❸
従業者証明書の携帯等	業務に従事する使用人その他の従業者に、その従業者であることを証する証明書（従業者証明書）を携帯させなければ、その者をその業務に従事させてはならない。 ※従業者は、業務を行うに際し、委託者等の関係者から請求があれば、従業者証明書を提示しなければならない。 ※内部管理事務に限って従事する者は、従業者証明書の携帯の義務はない。

帳簿の備付け等	営業所等ごとに、業務に関する帳簿を備え付け、委託者ごとに管理受託契約について次の事項を記載しなければならない。

【帳簿の記載事項】

①	管理受託契約を締結した年月日
②	管理受託契約を締結した委託者の商号、名称又は氏名
③	契約の対象となる賃貸住宅
④	受託した管理業務の内容
⑤	報酬の額
⑥	管理受託契約における特約その他参考となる事項

※**帳簿は、各事業年度の末日で閉鎖し、閉鎖後5年間保存**

標識の掲示	営業所等ごとに、**公衆の見やすい場所**に、国土交通省令で定める様式の標識を掲げなければならない。

 再委託の禁止について
管理受託契約に管理業務の**一部の再委託**に関する定めがあるときは、**一部の再委託**を行うことができるが、①自らで再委託先の指導監督を行わず、全てについて他者に再委託すること、②管理業務を複数の者に分割して再委託して自ら管理業務を一切行わないことは、**再委託の禁止に違反する**。

 ①「家賃等を管理する口座」と「管理業者の固有財産を管理する口座」を分別（口座を分別）し、**管理受託契約ごとに帳簿を作成する**（勘定上も分別）。「**家賃等を管理する口座」は管理受託契約ごとに分ける必要はなく、同一口座で構わない。**
②「家賃等を管理する口座」と「**賃貸住宅管理業者の固有財産を管理する口座**」のいずれか一方に家賃等及び賃貸住宅管理業者の固有財産が一時的に同時に預入されている状態が生じることは差し支えない（ただし、速やかにそれぞれの口座に**移し替える対応**をとらなければならない）。

 賃貸住宅管理業者は、「**家賃等を管理する口座**」と「**固有財産を管理する口座**」を一つの口座とし、家賃等と自己の固有の財産とを、帳簿により勘定上直ちに判別できる状態で管理することができる。　　　　　　　　　　（R5－18改題）

答	2つの口座を別とした上で、管理受託契約毎に帳簿を作成する等により勘定上も分別管理する必要がある。　　　　　　　　　　　　×

11

合格る■チェックシート6 **賃貸住宅管理業者の登録制度⑤**

直前フォーカス

「委託者への定期報告」は要注意。また、賃貸住宅管理業者がどのような場合に監督処分として登録を取り消されるのか、どのような違反があったときに罰則を科されるのかを確認しておこう。

1. 賃貸住宅管理業者の業務上の義務② 今年のヤマ

委託者への定期報告	定期的に、管理業務の実施状況等について**委託者に報告**しなければならない（定期報告）。 ※**定期報告**は、①管理受託契約の締結日から**1年を超えない期間ごと**、②管理受託契約の**期間の満了後遅滞なく**、**管理業務報告書**を作成・交付して説明しなければならない。❶ ※説明方法は問わない（貸主と協議し、双方向でやりとりできる環境で、貸主の理解を確認することが必要）。 【報告すべき事項】
	① 報告の対象となる期間
	② 管理事務の実施状況
	③ 管理業務の対象となる賃貸住宅の入居者からの苦情の発生状況・対応状況
秘密を守る義務 （守秘義務）	①管理業者は、正当な理由がある場合でなければ、**業務上取り扱ったことについて知り得た秘密**を他に漏らしてはならない。 ※賃貸住宅管理業を営まなくなった後も、守秘義務を負う。 ②管理業者の代理人、使用人等の従業者（アルバイトを含む）は、正当な理由がある場合でなければ、**業務を補助したことについて知り得た秘密**を他に漏らしてはならない。❷ ※従業者でなくなった後も、守秘義務を負う。

コメント❶
①貸主の承諾があれば、書面の交付に代えて、**電磁的方法による提供**ができる。
②管理業法施行前に締結された管理受託契約については、契約が更新された場合、形式的な変更と認められる場合であっても、貸主に対して報告を行うべきである。
③報告書の内容を電話で伝える（内容を読みあげる）方法は認められていない。

コメント❷
守秘義務が課される「従業者」には、再委託契約に基づいて賃貸住宅管理業務の一部の再委託を受ける者のように管理業者と直接に雇用関係にない者も含まれる。

2. 賃貸住宅管理業者に対する監督処分（処分権者：国土交通大臣）

監督処分 ❸	処分事由
業務改善命令	賃貸住宅管理業の適正な運営を確保のため必要があるとき
業務停止命令 （1年以内） 登録の取り消し	①登録拒否事由に該当したとき ②不正の手段で登録を受けたとき ③**法令又は業務改善命令・業務停止命令に違反したとき**

国土交通大臣は、登録の取り消しや業務停止命令の処分をしたときは、官報により、その旨を公告しなければならない。

3．業務を開始しない場合等の登録取消し

　国土交通大臣は、登録を受けてから1年以内に業務を開始せず、又は引き続き1年以上業務を行っていないと認めるときは、その登録を取り消すことができる。

4．登録の取消し等に伴う業務の結了

　次の場合、管理業者であった者は、管理業者が締結した管理受託契約に基づく業務を結了する目的の範囲内においては、なお管理業者とみなされる。

①登録の更新をしなかった、②廃業等により登録が効力を失った、③登録が取り消された

5．賃貸住宅管理業者等に対する罰則

1年以下の懲役若しくは100万円以下の罰金、又はこれを併科
①無登録で管理業を営んだとき ②不正の手段により登録を受けたとき ③名義貸しの禁止に違反して他人に賃貸住宅管理業を営ませたとき
6か月以下の懲役もしくは50万円以下の罰金、又はこれを併科
業務停止命令に違反したとき
30万円以下の罰金
①変更の届出をせず又は虚偽の変更の届出をしたとき ②業務管理者を選任しなかったとき ③業務管理者が欠けているのに管理受託契約を締結したとき ④管理受託契約締結時に書面を交付しない、所定の事項が記載されていない書面・虚偽の記載のある書面を交付したとき ⑤従業者証明書の携帯・提示義務に違反したとき ⑥標識の掲示義務に違反したとき ⑦帳簿の備付け・保存義務に違反したとき ⑧守秘義務に違反したとき ⑨業務改善命令に違反したとき ⑩報告徴収等の義務に違反したとき
20万円以下の過料
廃業等の届出をしなかった・虚偽の廃業等の届出をしたとき

6．両罰規定

　法人業者の代表者・法人業者や個人業者の代理人、使用人等の従業者が、業務に関し、4．（⑧を除く）の違反行為をしたときは、行為者を罰するだけではなく、法人業者・個人業者も罰金刑が科される。

....

 賃貸住宅管理業法上、書面による定期報告が義務付けられている事項は、「管理業務の実施状況」、「入居者からの苦情の発生状況」、「家賃等金銭の収受状況」の3つである。　　　　　　　　　　　　　　　　　　　（R5-8）

答　「①報告の対象となる期間」、「②管理業務の実施状況」、「③管理業務の対象となる賃貸住宅の入居者からの苦情の発生状況・対応状況」の3つである。　　　　　　　　　　　　　　　　　　　　　　　　×

合格る■チェックシート⑦ 特定賃貸借契約の適正化のための措置等①

直前フォーカス
「勧誘者」とは具体的にどのような者か、サブリース業者だけではなく、勧誘者にも適用される規定にどのようなものがあるのかを整理しておこう。

1．用語の意味 今年のヤマ

特定賃貸借契約	賃貸住宅の賃貸借契約で、借主が当該賃貸住宅を第三者に転貸する事業を営むことを目的として締結されるもの（マスターリース契約）❶
特定転貸事業者	マスターリース契約に基づき賃借した賃貸住宅を第三者に転貸する事業を営む者（サブリース業者）
勧誘者	サブリース業者と関連性を有し、サブリース業者がマスターリース契約の締結についての勧誘を行わせる者❷

コメント❶

①次の場合は、**特定賃貸借契約に該当しない。**

> ア）個人が賃借した賃貸住宅を一時的に**第三者に転貸**するような場合
> イ）借主が人的関係、資本関係等において**貸主と密接な関係を有する者**の場合
> ※密接な関係を有する者には、貸主が個人の場合、**貸主の親族・貸主又はその親族が役員である法人**、貸主が会社である場合、**貸主の子会社・親会社**が該当する。

②サブリース業者から賃貸住宅を借り上げ、**第三者への再転貸**を行う場合、サブリース業者と再転貸を行う事業者（転借人）との間の転貸借契約も、**マスターリース契約**に該当する。

コメント❷

勧誘者の具体例

> ①建設業者、不動産業者、金融機関等の法人やファイナンシャルプランナー、コンサルタント等の個人が、サブリース業者から勧誘の委託を受けて、マスターリース契約の内容や条件等を前提とした**資産運用の企画提案**を行ったり、マスターリース契約を締結することを勧めたりする場合
> ②建設業者や不動産業者が、自社の**親会社、子会社、関連会社**のサブリース業者のマスターリース契約の内容や条件等を説明したり、マスターリース契約を結ぶことを勧めたりする場合
> ③賃貸住宅のオーナーが、新たに賃貸住宅のオーナーとなろうとする者に対し、自己の物件についてマスターリース契約を結んでいるサブリース業者から、**紹介料等の金銭を受け取り**、そのサブリース業者とマスターリース契約を結ぶことを勧めたり、契約の内容や条件等を説明したりする場合　等

※勧誘者が勧誘行為を第三者に**再委託**した場合、再委託を受けた第三者も勧誘者に該当する。
※一般的なサブリースの仕組みを説明した者や、単に特定転貸事業者を紹介したに過ぎない者は、勧誘者に該当しない。

２．誇大広告等の禁止 今年のヤマ

　サブリース業者又は勧誘者（サブリース業者等）は、次の事項について、「著しく事実に相違する表示」をし、又は「実際のものよりも著しく優良であり、若しくは有利であると人を誤認させるような表示」（誇大広告等）をしてはならない。❸❹

誇大広告等をしてはならない事項	具体例
①サブリース業者がオーナーに支払うべき家賃の額、支払期日・支払方法等の賃貸の条件・その変更に関する事項	ア）根拠のない算出基準で算出した家賃をもとに、「周辺相場よりも当社は高く借り上げます」と表示 イ）サブリース業者からの減額請求が可能であるにもかかわらずその旨を記載せず、「○年家賃保証！」「支払い家賃は契約期間内確実に保証！一切収入が下がりません！」と表示
②賃貸住宅の維持保全の実施方法	実際には実施しない維持保全業務を実施するかのように表示
③賃貸住宅の維持保全に要する費用の分担に関する事項	実際には大規模修繕など一部の修繕費はオーナーが負担するにもかかわらず、「修繕費負担なし」と表示
④マスターリース契約の解除に関する事項	ア）契約期間中でも業者から解約することが可能であるにもかかわらずその旨を記載せず「30年一括借り上げ」「契約期間中、借り上げ続けます」と表示 イ）契約を解除する場合、月額家賃の数か月を支払う必要があるにもかかわらずその旨を記載せずに、「いつでも借り上げ契約は解除できます」と表示

①「事実に相違する」とは、広告の内容が実際のマスターリース契約の内容と異なることをいう。その相違をオーナーが知っていれば契約を締結しなかったと判断される程度であれば「著しく」に該当する。

②「実際のものよりも著しく優良であり、若しくは有利であると人を誤認させるような表示」とは、専門的知識や情報を有していないオーナーを誤認させる程度のものをいう。

「個人の感想です。経営実績を保証するものではありません」といった打消し表示が明瞭に記載されていたとしても、体験談とは異なる賃貸住宅経営の事例が一定数存在する場合には、体験談を用いることは、誇大広告等の禁止に該当する可能性がある。

特定転貸事業者が、実際の周辺相場について調査していなかったが、「周辺相場より高い家賃で借り上げ」と表示したことは、特定賃貸借契約の条件について広告をする際に禁止される行為に当たる。　　　　　　　　　　（Ｒ３−39）

| 答 | 禁止される誇大広告等に該当する。 | ○ |

15

合格る■チェックシート⑧

特定賃貸借契約の適正化のための措置等②

直前フォーカス

　「不当な勧誘等の禁止」は昨年初めて出題された。サブリース業者の業務規制として重要なので、今年も出題される可能性が高い。どのような行為が禁止されるのか、具体例を押さえておこう。

1．不当な勧誘等の禁止　今年のヤマ

　サブリース業者等は、次の行為をしてはならない。

①	マスターリース契約の締結の勧誘の際、又はマスターリース契約の解除を妨げるため、**オーナーやオーナーとなろうとする者（オーナー等）**に対し、マスターリース契約に関する事項でオーナー等の判断に影響を及ぼすこととなる重要なものについて、**故意に事実を告げず、又は不実のことを告げる行為** ❶
②	マスターリース**契約を締結**若しくは**更新**させ、又はマスターリース契約の申込みの**撤回・解除を妨げるため、オーナー等を威迫する行為** ❷
③	マスターリース契約の締結又は更新について**オーナー等に迷惑を覚えさせるような**時間に電話又は訪問により**勧誘する行為** ❸
④	マスターリース契約の締結又は更新について**深夜又は長時間の勧誘等の私生活又は業務の平穏を害するような方法によりオーナー等を困惑させる行為** ❹
⑤	マスターリース契約の締結又は更新をしない旨の意思（勧誘を受けることを希望しない旨の意思を含む）を表示した**オーナー等に対して執ように勧誘する行為** ❺

コメント❶

①「故意に事実を告げず（事実不告知）」とは、事実を認識しているにもかかわらず、あえてこれを告げない行為をいう。「故意に不実のことを告げる行為（不実告知）」とは、事実でないことを認識していながら、あえて事実に反することを告げる行為をいう。

②事実不告知・不実告知があれば**違反行為**となる。実際に契約を締結したか否か、契約の解除が妨げられたかは問わない。

③事実不告知も不実告知も故意でなければ禁止の対象とならない。ただし、サブリース業者であれば**当然に知っている**事項（自社の契約書や借地借家法の内容等）を告げないのは、故意があると**推認**される。

【故意に事実を告げない行為（事実不告知）】

ア）将来の家賃減額リスクが、契約期間中であってもサブリース業者から契約解除の可能性があること、借地借家法の規定によりオーナーからの解約には正当事由が必要であること、オーナーに維持保全、原状回復、大規模修繕等の**費用負担があること**を告げず、サブリース事業のメリットのみ伝えるような勧誘行為

イ）家賃見直しの協議で合意できなければ契約が終了する条項、一定期間経過ごとの修繕に応じない場合には契約を更新しない条項を勧誘時に**告げない**勧誘行為

ウ）サブリース契約における新築当初の数か月間の借り上げ賃料の**支払い免責期間があること**について説明しない勧誘行為

【故意に不実のことを告げる行為（不実告知）】

ア）借地借家法により、オーナーに支払われる家賃が減額される場合があるにもかかわらず、断定的に「**都心の物件なら需要が下がらないのでサブリース家賃も下がることはない**」、「**サブリース事業であれば家賃100％保証で、絶対に損はしない**」といったことを告げる勧誘行為

イ）大規模な修繕費用はオーナー負担であるにもかかわらず、「**維持修繕費用は全て事業者負担である**」と告げる勧誘行為

ウ）近傍同種の家賃よりも著しく低い家賃であるにもかかわらず、「**周辺相場を考慮すると、当社の借り上げ家賃は高い**」と告げる勧誘行為

コメント 2　「**威迫する行為**」とは、脅迫とは異なり、オーナー等に恐怖心を生じさせるまでは要しないが、オーナー等に不安の念を抱かせる行為をいう。例えば、「なぜ会わないのか」、「契約しないと帰さない」などと声を荒げ、面会を強要したり、拘束するなどしてオーナー等を動揺させるような行為は禁止される。

コメント 3　オーナー等に承諾を得ている場合を除き、特段の理由が無く、**午後9時から午前8時まで**の時間帯に電話勧誘又は訪問勧誘を行うことは、「迷惑を覚えさせるような時間」の勧誘になる。

コメント 4　深夜勧誘や長時間勧誘のほか、例えば、オーナー等が勤務時間中であることを知りながら執ような勧誘を行ってオーナー等を困惑させることや面会を強要してオーナー等を困惑させる行為は禁止される。

コメント 5　執ように勧誘する行為とは、オーナー等が「**契約の締結又は更新をしない旨を意思表示**」した以降、再度勧誘することをいい、**1度でも再勧誘を行えば違反行為**となる。また、同一のサブリース業者の他の担当者による勧誘も禁止される。

この
過去問に
注意

特定転貸事業者が、特定賃貸借契約の相手方になろうとする者に対し、維持保全に係る賃貸人の費用負担があるにもかかわらず、あえて負担なしと告知した場合、その者との間で実際に特定賃貸借契約が締結されなくとも、不当勧誘行為に該当する。　　　　　　　　　　　　　　　　　　　　　　　　（R5−35）

答　本問の場合、「故意に不実のことを告げる行為」に該当する。そして、この場合、実際に契約を締結したか否かは問わない。　　　　　　　〇

直前フォーカス

　マスターリース契約についての重要事項の説明は必ず出題されるテーマであり、特に重要事項説明書の記載事項は、例年かなり細かいところまで出題されるので、整理しておこう。要注意だ。

1. マスターリース契約の重要事項説明　今年のヤマ

説明をする時期	契約の締結前 ※契約締結までに1週間程度の期間をおくことが望ましい。 ※契約期間中又は契約更新時に重要事項の変更契約（特定賃貸借契約変更契約）をする場合、説明の相手方の承諾があれば、契約締結まで期間をおかないとすることができる。
説明をする者	業務管理者でなくても説明できる。 ※賃貸不動産経営管理士によって行われることを推奨
説明の相手方	契約の相手方となろうとする者（貸主：物件のオーナー） ※相手方が賃貸住宅管理業者・特定転貸事業者等の場合は、重要事項説明書の交付・説明をする必要がない。
重要事項説明書の交付の方法	書面を交付する。❶ ※貸主の承諾があれば、電磁的方法で提供可能

【重要事項（重要事項説明書の記載事項）】

①	マスターリース契約を締結するサブリース業者の商号、名称又は氏名・住所
②	マスターリース契約の対象となる賃貸住宅（所在地・名称・構造・面積・建築設備等）
③	マスターリース契約の相手方に支払う家賃の額、支払期日・支払方法等の賃貸の条件、その変更に関する事項（家賃の額・家賃の設定根拠・家賃改定日・借地借家法に基づく減額請求等） ※敷金がある場合、敷金についても同様
④	サブリース業者が行う賃貸住宅の維持保全の実施方法（回数・頻度等）
⑤	サブリース業者が行う賃貸住宅の維持保全に要する費用の分担に関する事項
⑥	マスターリース契約の相手方に対する維持保全の実施状況の報告に関する事項
⑦	損害賠償額の予定または違約金に関する事項
⑧	責任・免責に関する事項（オーナーが賠償責任保険に加入すること等）
⑨	契約期間に関する事項（家賃が固定される期間ではないこと等）
⑩	転借人の資格その他の転貸の条件に関する事項

⑪	転借人に対する④の事項の周知に関する事項
⑫	マスターリース契約の更新・解除に関する事項（更新の方法・契約の解除ができる場合を定めるときはその内容等）
⑬	マスターリース契約終了時のサブリース業者の権利義務の承継に関する事項（正当な事由なく契約更新を拒むことができない・サブリース業者の敷金返還債務を承継する等）
⑭	借地借家法その他マスターリース契約に係る法令に関する事項の概要 ❷

 サブリース業者は、管理受託契約の場合と同様、テレビ会議等のITを活用して重要事項の説明をすることができる（ITによる重要事項の説明）。

 ①普通建物賃貸借契約として**特定賃貸借契約**を締結する場合、オーナーから更新を拒絶する場合には、正当の事由が必要である旨を記載し、説明する。
②定期建物賃貸借家契約として**特定賃貸借契約**を締結する場合、「**家賃は減額できないとの特約**を定めることにより、サブリース業者から家賃の減額請求はできないこと」、「契約期間の満了により、契約を終了すること」、「オーナーからの途中解約は原則としてできないこと」を記載し、説明する。

2．特定賃貸借契約変更契約に際しての重要事項説明

・特定賃貸借契約**変更契約**を締結しようとする場合には、**変更事項**について、オーナーに書面の交付等を行った上で説明すれば足りる。
・「**契約の同一性を保ったままの契約期間のみの延長**」「**組織運営に変更のない商号又は名称等の変更等**」の場合、重要事項の説明は**不要**である。
・管理受託契約の場合と同様、**電話による説明が可能**である（P.9参照）。

3．オーナーの変更に際しての重要事項説明

特定賃貸借契約期間中にオーナーの変更（オーナーチェンジ）があった場合、遅滞なく、新たなオーナーに特定賃貸借契約の内容が分かる書類を交付することが**望ましい**。

 特定転貸事業者が特定賃貸借契約を締結しようとするときは、契約の相手方となろうとする者に家賃の設定根拠を説明しなければならない。　　（R3-37）

答　「家賃の設定根拠」は、説明しなければならない重要事項である。　○

合格る■
チェック
シート
10　**特定賃貸借契約の適正化のための措置等④**

直前フォーカス
　マスターリース契約の締結時の書面の交付も要注意。サブリース業者のその他の業務、監督処分、罰則についても確認しておこう。

1．マスターリース契約の締結時の書面の交付義務　今年のヤマ

　サブリース業者は、マスターリース契約を締結したときは、賃貸住宅の貸主に対し、遅滞なく、マスターリース契約の締結時の書面を交付しなければならない。❶❷

【マスターリース契約の締結時の書面の記載事項】

①	マスターリース契約の対象となる賃貸住宅
②	マスターリース契約の相手方に支払う家賃その他賃貸の条件に関する事項
③	サブリース業者が行う賃貸住宅の維持保全の実施方法
④	契約期間に関する事項
⑤	転借人の資格その他の転貸の条件に関する事項
⑥	契約の更新又は解除に関する定めがあるときは、その内容
⑦	マスターリース契約を締結するサブリース業者の商号、名称又は氏名・住所
⑧	サブリース業者が行う賃貸住宅の維持保全に要する費用の分担に関する事項
⑨	マスターリース契約の相手方に対する維持保全の実施状況の報告に関する事項
⑩	損害賠償額の予定又は違約金に関する定めがあるときは、その内容
⑪	責任・免責に関する定めがあるときは、その内容
⑫	転借人に対する③の事項の周知に関する事項
⑬	マスターリース契約終了時のサブリース業者の権利義務の承継に関する事項

コメント **1**
①書面の交付は、**相手方の承諾**があれば、**電磁的方法**で提供することができる。
②**マスターリース契約書**と、サブリース業者が賃貸住宅の維持保全についてオーナーから受託する**管理受託契約書**は兼ねることができる。

コメント **2**
①**マスターリース契約変更契約**を締結する場合には、**変更のあった事項**について、オーナーに対して書面を交付すればよい。
②「**契約の同一性を保ったままの契約期間のみの延長**」「**組織運営に変更のない商号又は名称等の変更等**」の場合、書面の交付は**不要**である。

2．書類の閲覧　今年のヤマ

備え置きが必要な書類	①業務状況調書 ②貸借対照表・損益計算書 ③②に代わる書面
備え置く時期	事業年度ごとに当該**事業年度経過後3か月以内に作成**し、遅滞なく**営業所又は事務所ごとに備え置く**。 ※電磁的方法による記録で保存する場合、電子計算機等を用いて**明確に紙面に表示される状態**に置かなければならない。

備え置く期間	営業所又は事務所に**備え置かれた日から起算して3年**を経過する日までの間、当該営業所または事務所に備え置く。 ※**営業時間中**、マスターリース契約の相手方又は相手方となろうとする者の求めに応じて閲覧させる。

3．申出制度

　何人も（利害関係人に限られない）、管理業法に規定される「**誇大広告等の禁止**」、「**不当な勧誘等の禁止**」、「**契約締結前の重要事項説明義務**」等に違反したサブリース業者についての情報を国土交通大臣に申し出て、適切な措置を求めることができる。

4．サブリース業者・勧誘者に対する監督処分（処分権者：国土交通大臣）

監督処分	処分事由
指示処分	・サブリース業者が①誇大広告等の禁止、②不当な勧誘等の禁止、③特定賃貸借契約の重要事項説明、④特定賃貸借契約の締結時の書面の交付、⑤書類の閲覧の規定に違反した場合 ・勧誘者が①誇大広告等の禁止、②不当な勧誘等の禁止の規定に違反した場合
業務停止命令 （1年以内）	・サブリース業者が①誇大広告等の禁止、②不当な勧誘等の禁止、③特定賃貸借契約の重要事項説明、④特定賃貸借契約の締結時の書面の交付、⑤書類の閲覧の規定に違反した場合 ・サブリース業者が指示処分に従わないとき
勧誘停止命令	・勧誘者が①誇大広告等の禁止、②不当な勧誘等の禁止の規定に違反した場合 ・勧誘者が指示処分に従わないとき

コメント**3** 　国土交通大臣は、サブリース業者・勧誘者に対し、指示・業務停止命令をしたときは、その旨を**公表**しなければならない。

5．サブリース業者・勧誘者に対する罰則　※両罰規定適用あり

6か月以下の懲役若しくは50万円以下の罰金、又はこれを併科
①不当な勧誘等の禁止（事実不告知・不実告知）に違反したとき ②業務停止命令・勧誘禁止命令に違反したとき

50万円以下の罰金
①契約締結前の書面の交付・説明義務に違反したとき ②契約締結時の書面の交付に違反したとき

30万円以下の罰金
①誇大広告等の禁止に違反したとき ②書類の閲覧に違反したとき ③指示処分に違反したとき ④報告徴収等に対応しないとき

 特定転貸事業者は、業務状況調書等の書類を、事業年度ごとに、その事業年度経過後3か月以内に作成し、主たる事務所にまとめて備え置かなければならない。　　　　　　　　　　　　　　　　　　　　　　　　　　　　　　　　　　（R4−37）

答 業務状況調書等の書類は特定賃貸借契約に関する業務を行う「営業所又は事務所」ごとに備え置かなければならない。主たる事務所にまとめて備え置くことはできない。　　　　　　　　　　　　　　　　　　　×

賃貸不動産経営管理士

直前フォーカス

　　賃貸不動産経営管理士の役割に目を通しておこう。特に「業務管理者」としての役割が要注意だ。

1．賃貸不動産経営管理士「倫理憲章」

　（一社）賃貸不動産経営管理士協議会によって「**倫理憲章**」が制定されている。

①公共的使命
公共的使命を常に自覚し、公正な業務を通して、**公共の福祉に貢献**する。
②法令の遵守と信用保持
関係する法令とルールを遵守し、賃貸不動産管理業に対する**社会的信用を傷つけるような行為**、及び**社会通念上好ましくないと思われる行為**を厳に慎む。
③信義誠実の義務
信義に従い誠実に職務を執行することを旨とし、依頼者等に対し重要な事項について故意に告げず、又は不実のことを告げる行為を決して行わない。
④公正と中立性の保持
常に公正で中立な立場で職務を行い、万一紛争等が生じた場合は**誠意をもって**、その円満解決に**努力**する。
⑤専門的サービスの提供及び自己研鑽の努力
あらゆる機会を活用し、賃貸不動産管理業務に関する広範で**高度な知識の習得に努め**、**不断の研鑽により常に能力、資質の向上を図り**、管理業務の専門家として高い専門性を**発揮するよう努力**する。
⑥能力を超える業務の引き受け禁止
自らの能力や知識を超える業務の引き受けはこれを行わない。
⑦秘密を守る義務
職務上知り得た秘密を**正当な理由なく**他に漏らしてはならない。その**職務に携わらなくなった後も同様**とする。

2. 賃貸不動産経営管理士の役割 今年のヤマ

賃貸不動産経営管理士の業務・求められる役割には次のようなものがある。

業務管理者として管理・監督（P.7参照）

①管理受託契約の締結前の重要事項説明・書面の交付
②管理受託契約の締結時の書面の交付　③維持保全の実施に関する事項
④家賃・敷金・共益費その他の金銭の管理　⑤帳簿の備付等
⑥賃貸人に対する定期報告　⑦秘密の保持　⑧入居者からの苦情の処理等

賃貸借関係の適正化を図るための一般業務

①家賃等の収納に係る業務　　②家賃等の改定への対応業務
③家賃等の未収入の場合の対応業務　④賃貸借契約の更新に係る業務
⑤定期建物賃貸借契約の再契約業務　⑥契約終了時の債務の額及び敷金の精算等の業務
⑦原状回復の範囲の決定に係る業務　⑧明渡しの実現に係る業務
＜サブリース方式の場合＞
⑨転貸借契約締結前の重要事項の説明・書面の交付
⑩転貸借契約締結時の書面の交付

新たな政策課題への積極的な取り組みに係る業務及び役割（発展業務）

①住宅セーフティネットにおける役割（制度内容を貸主に説明する等）
②民泊（住宅宿泊事業）における役割（適法かつ適正な民泊管理の実現を図る等）
③空き家対策（空き家の賃貸住宅化）における役割（有効活用の助言・提言、情報・ノウハウ提供等）
④残置物処理等に係る役割（モデル条項の活用等の助言等）
⑤民法等の改正によって取り入れられた新しい制度を活用する役割

賃貸不動産経営を支援する業務

①予算管理（目標値を実績値と対比させ、**必要な対応をするという**経営管理手法）
予算計画書や収支報告書を作成し、予算達成が困難な場合、原因を分析し、**収益の向上と費用の削減の観点から**対応策を検討し、賃貸人に提言する。
②物件状況報告書（改善提案書）の作成
賃料水準の低下や空室期間が長期化した場合、**課題と対策を**物件状況報告書として賃貸人に提供する。
③長期修繕計画書
10～30年程度の将来について、いつ、何を、どの程度、どのくらいの費用で修繕するかを示す長期修繕計画を作成して賃貸人に提案する。
※予算計画書、物件状況報告書、長期修繕計画書を作成した場合には、賃貸不動産経営管理士が文書に記名し、**賃貸人に対して口頭で説明する**ことが望ましい。

・・・

 この過去問に注意

家賃、敷金、共益費その他の金銭の管理、帳簿の備え付け、秘密保持に関する事項については、業務管理者に選任された賃貸不動産経営管理士が自ら行うことが賃貸住宅管理業法で義務付けられている。　　　　　　　　（R5－42）

答　これらの業務は業務管理者が管理・監督しなければならないが、業務管理者に選任された賃貸不動産経営管理士が自ら行うといった法律上の義務はない。　　　　　　　　　　　　　　　　　　×

賃貸借契約①

直前フォーカス

建物について「一時使用目的の賃貸借（【例】夏期休暇中だけ貸別荘を借りる）」には、借地借家法が適用されない点を注意しよう。頻出項目である「法定更新」に関する事項は必ず押さえておこう。

1．民法と借地借家法の適用関係

○：適用あり　×：適用なし

	建物の賃貸借		土地の賃貸借	
	一時使用以外	一時使用	建物所有目的	左記以外
民法	○	○	○	○ ❷
借地借家法	○ ❶	×	○	×

 ❶
通常、**賃貸住宅の賃借権**は借家権であり、民法・借地借家法が適用され、両者の規定が抵触する場合は、借地借家法の規定が優先して**適用**される。

 ❷
土地を「**青空駐車場**」として使用するための**賃貸借**（建物所有以外の目的）には、民法のみが**適用**される。

2．賃貸借の成立

貸主が、借主に「ある物の使用・収益をさせる」ことを約束し、借主が「賃料を支払うこと・引渡しを受けた物を契約が終了したときに返還する」ことを約束（合意）することによって成立 ❸

 ❸
賃貸借契約は、合意のみで成立し、契約書の作成や目的物の引渡しは必要ではない。

3．存続期間　今年のヤマ

民法	最長	50年 ※50年を超えて定めた場合、**50年に短縮**	
	最短	**制限なし**	
借地借家法 （借家権）	最長	制限なし	
	最短	1年未満とした場合	期間の定めがないもの ※定期建物賃貸借を除く
		1年以上とした場合	定めた期間

4．更新 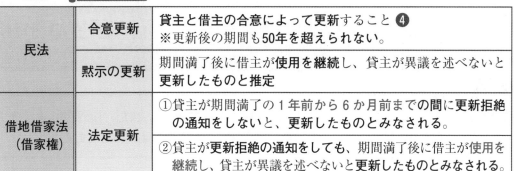今年のヤマ

民法	合意更新	貸主と借主の合意によって更新すること❹ ※更新後の期間も50年を超えられない。
	黙示の更新	期間満了後に借主が**使用を継続**し、貸主が異議を述べないと更新したものと**推定**
借地借家法 （借家権）	法定更新	①貸主が期間満了の1年前から6か月前までの間に更新拒絶の通知をしないと、更新したものとみなされる。
		②貸主が更新拒絶の通知をしても、期間満了後に借主が使用を継続し、貸主が異議を述べないと更新したものとみなされる。

❹　合意更新では、法定更新と異なり、6か月前までの事前の通知等の手続きは不要。

5．法定更新の注意点 今年のヤマ

①**更新後の期間**は、別途期間を定めない限り、**期間の定めのない賃貸借**になる。

②貸主が**更新拒絶の通知**をする場合には、**正当事由が必要**だが、借主がする場合には、**不要**である。正当事由は、下記を考慮して、**総合的に判断**される。❺

主たる事由	貸主・借主（転借人を含む）が建物を必要とする事情
補助的な事由	ア）賃貸借に関する**従前の経過** イ）建物の利用状況・現況 ウ）立退料の給付の申出等

※正当事由は、更新拒絶の通知時に存在し、**6か月継続**することが原則だが、通知後に正当事由が生じたときは、その時から**6か月継続**すればよい。

❺　正当事由は、総合的に判断されるので、立退料の給付の申出があっても、それだけで認められるわけではない。

6．更新料特約・更新手数料

更新料特約	契約書に一義的、かつ、**具体的に記載された更新料条項**は、更新料の額が、高額すぎる等の特段の事情がない限り、有効（判例）
更新手数料	更新手数料の授受の特約は、その額が相当であれば、有効

賃貸借契約の借主が、期間満了後に建物の使用を継続する場合において、貸主が遅滞なく異議を述べなかったとしても、貸主が期間満了の1年前から6か月前までの間に借主に対して更新をしない旨の通知をしていた場合には、更新拒絶に正当事由が認められる限り、賃貸借契約は期間満了により終了する。

（H29－20）

> 答　貸主が正当事由をもって更新拒絶の通知をしても、期間満了後の使用継続に遅滞なく異議を述べないと法定更新し、期間満了により終了しない。　　　　　　　　　×

12 賃貸借契約①

賃貸不動産管理に関係する法令

25

前フォーカス

　貸主の「修繕義務」は毎年出題される重要テーマである。また、「必要費」と「有益費」の償還義務と借主の「造作買取請求権」の相違点を明確にしておこう。

貸主の義務

１．使用・収益させる義務

貸主は、賃貸不動産を借主に使用・収益させる義務を負う。❶

コメント ❶　「使用・収益させる」前提として貸主は賃貸不動産の**引渡義務**も負う。

２．修繕義務　👆今年のヤマ

原則	貸主は、賃貸物の**使用・収益に必要な修繕をする義務**を負う。❷ ※貸主が、**保存に必要な行為（修繕）をしようとする場合、借主はその行為を拒むことができない。** ※貸主が、**借主の意思に反して保存行為をしようとする場合**、そのために賃借の目的達成ができなくなるときは、借主は**契約を解除できる。**
例外	貸主は、次の場合、修繕義務を負わない。❸❹

例外	①	借主の帰責事由によってその修繕が必要となった場合
	②	破損が生じても、**借主の使用・収益を妨げるものではない場合**
	③	**修繕が不可能な場合**

コメント ❷　①貸主は、破損等が不可抗力（地震等）により生じた場合でも**修繕義務を負う。**
②貸主は、賃貸不動産の使用に必要な共用部分があるときは、共用部分についても**修繕義務を負う。**
③貸主は、契約締結後に生じたものに限られず、入居以前から**発生していた雨漏り等についても修繕義務を負う。**

コメント ❸　「**借主が修繕義務を負担する**」という**特約は有効である。**

コメント ❹　貸主が修繕義務を怠り、**借主が目的物を全く使用できなかった場合**、借主は、その期間の賃料全額の支払いを免れる。

３．借主による修繕

　借主は、賃貸不動産の**修繕が必要**で、次の場合には、**自ら修繕できる。**

26

| ① | 貸主に修繕が必要である旨を通知、又は貸主がその旨を知ったにもかかわらず、貸主が相当の期間内に必要な修繕をしないとき |
| ② | 急迫の事情があるとき（【例】下水管が破損し漏水が発生したが、貸主と連絡が取れない） |

4. 費用の償還義務と借主の造作買取請求権 ！今年のヤマ

	必要費 ❺	有益費 ❺	造作買取 ❻
内容	賃貸不動産の保存のためにかかった費用（修繕費等）	賃貸不動産の改良のために支出した費用（改良費）	貸主の同意を得て付加した造作の費用
請求時期	費用支出後直ちに	契約終了時	契約終了時（期間満了又は解約申入れによる）
具体例	雨漏りの修繕費用	トイレの水洗化費用	空調設備・畳・建具
請求額	支出額（実費）	貸主が選択した次の①②のどちらか ①支出額 ②価値増加の現存額	時価

コメント ❺
①借主が**必要費・有益費**を請求したが、貸主が支払わない場合、借主は**留置権**を行使し、貸主が必要費・有益費を支払うまで**賃貸物件の明渡しを拒む**ことができる（明渡しまでの賃料相当の損害金は借主が負担）。
②必要費・有益費の償還請求権は**特約により排除できる**。つまり、「**必要費・有益費は借主負担とする**」という**特約は有効**。
③借主が支出した**費用の償還**は、貸主が賃借物の返還を受けた時から**1年以内**に請求しなければならない。

コメント ❻
①造作買取請求権は**特約により排除できる**。つまり、「**建物明渡し時に造作買取請求権を行使できない**」という**特約は有効**。
②造作買取請求権は、借主の意思表示が貸主に到達すれば、借主を売主、貸主を買主とする造作（空調・給湯設備等）を目的とした**売買契約が成立する**（貸主の承諾は不要）。
③借主が賃貸借契約終了時に**造作買取請求権**を行使したが、貸主が造作の代金を支払わない場合、借主は**留置権を行使**し、造作を留置することができる。しかし、**賃貸物件そのものは留置できず、明渡しを拒むことができない**。

借主が賃貸物件の汲取式トイレを水洗化し、その後賃貸借契約が終了した場合、借主は有益費償還請求権として、水洗化に要した費用と水洗化による賃貸物件の価値増加額のいずれか一方を選択して、貸主に請求することができる。

（R3-25）

答 この費用は有益費である。「水洗化に要した費用」と「水洗化による賃貸物件の価値増加額」の選択権は「**貸主**」にあり、借主が選択して、貸主に償還請求することはできない。　　　　　　　　　　×

直 前フォーカス

「借主の義務」はいずれの項目も重要である。特に今年は「2.返還・原状回復義務」「5.通知義務」を注意しよう。

借主の義務 今年のヤマ

1. 賃料の支払義務 ❷❸

意義	建物・敷地の使用の対価
支払時期	建物の場合、毎月末日（後払い 【例】10月分は10月31日）❶

コメント**1** 特約で先払いとすることが多い（【例】「翌月分を毎月27日までに支払う」）。

コメント**2** 建物が**使用・収益できない場合**には、賃料は次のような扱いとなる。

責任の所在		賃料の扱い
貸主	全部使用できない	発生しない。
	一部使用できない	使用できない部分の割合に応じて減額
借主		全額発生
双方に責任なし（不可抗力）		発生しない。

コメント**3** 通常の建物の賃貸借の場合、**賃料債権**は、**5年の消滅時効**に服する（当然に消滅するのではなく、借主の**消滅時効を援用する**旨の**意思表示が必要**）。

2. 返還・原状回復義務

原則	借主は、**賃貸借契約の終了時**に、**引渡し後に生じた損傷**がある場合、その**損傷を原状回復して返還**	
例外	次のいずれかの場合には**原状回復義務を負わない**。	
	①	**通常の使用収益によって生じた損耗**（通常損耗）・**経年変化**
	②	**借主の帰責事由によらない損傷**

3. 保管義務 今年のヤマ

借主は、**善管注意義務**をもって**賃貸不動産を保管**する義務を負う。❹

次の場合、借主が**保管義務違反**による**債務不履行**として貸主に対して損害賠償責任を負う。
①借主の失火により**賃貸不動産が滅失**した場合
②借主の履行補助者（同居の家族・転借人等）による保管義務違反があった場合

4．用法遵守義務

借主は、契約又は目的物の性質によって定まった用法に従い**賃貸不動産を使用・収益**する義務を負う。**❺❻**

 用法遵守義務違反により貸主に生じた**損害賠償請求権**は、**賃貸不動産の返還を受けた時から１年以内に行使**しなければならない。

 ペット禁止特約がなくても、通常許容される範囲を超えたペットの飼育があり、当事者の信頼関係を破壊する程度に至った場合、借主は用法遵守義務違反として債務不履行責任を負う。

5．通知義務　🔔**今年のヤマ**

次の場合、借主は、**貸主がすでに知っている場合を除いて**、遅滞なく貸主に通知しなければならない。

①	貸主に修繕義務がある**修繕箇所を発見**した場合（修繕が必要である場合）
②	賃貸不動産について権利を主張する第三者がある場合

6．附属物の収去義務等

借主は、賃貸物件に附属させた物がある場合、**契約が終了**したときは、その附属物を収去する義務を負う（収去義務）。**❼**

 反面、借主は、**附属物を収去する権利**を持つ（収去権、契約終了後に限らない）。

解ける覚え方　借主の「**収去義務**」と「**収去権**」は、貸主から附属物を「**撤去してくれ**」と言われたら**撤去しなければならない**が、「**撤去しないでくれ**」と言われても**撤去することができる**ということ。

....

 借主は、賃貸物件につき修繕を要すべき事故が生じ、貸主がこれを知らない場合、借主の義務として、貸主に通知しなければならない。　　　　　（H27－18）

答　修繕が必要となっているときは、貸主がすでに知っている場合を除いて、貸主に通知をしなければならない。　　　　　　　　　　　　　○

3日目

合格るチェックシート15

賃貸不動産管理に関係する法令

賃貸借契約④

直前フォーカス

正当事由が必要な場合、解約の申入れから終了までの期間、中途解約特約がある場合の中途解約の扱いを整理しよう。「3.賃貸借契約の解除による契約の終了」も頻出テーマであり、今年は要注意。「滅失による終了等」は近年の改正点である。

賃貸借契約の終了　今年のヤマ

1．解約の申入れによる契約の終了

期間を定めない場合

貸主・借主のどちらかの解約の申入れで終了

【民法での扱い】

土地の賃貸借（駐車場として使用する場合）	申入れ後１年で終了
建物の賃貸借（一時使用目的の場合）	申入れ後３か月で終了（貸主・借主どちらでも）

【借地借家法での扱い（借家権）】

申入れ者	正当事由	予告期間
借主（民法通り）	不要	３か月
貸主（借地借家法）	必要	６か月

期間を定める場合

期間満了により終了（更新は可能）

2．期間の定めのある場合の中途解約特約による契約の終了

中途解約特約がある場合

貸主・借主は期間中に契約を解約できる。

予告期間	あり	解約の申入れから予告期間経過後に終了
	なし	借主から ➡解約の申入れから３か月経過後に終了
		貸主から（正当事由が必要） ➡解約の申入れから６か月経過後に終了

中途解約特約がない場合

貸主・借主は期間中に契約を解約できない。

3．賃貸借契約の解除による契約の終了  今年のヤマ

解除できる場合	借主が賃料を期日に払わない等の**債務不履行**がある場合
信頼関係破壊の法理	賃貸借契約では、当事者間の**信頼関係を破壊するほどの事情がない場合**には、契約の解除が**できない**という考え
解除の方法等	①相手方に対する**意思表示**で行う（相手方の承諾は不要）。❶❷ ➡意思表示が相手方に**到達した時点**で解除効力を生じる。 ②契約の解除をする場合に、債務者（借主）の**帰責事由は不要** ③一度解除の意思表示をしたら、**撤回できない**。 ④当事者が複数いる場合、**全員**から、又は、**全員**に対して行う。
解除の効果	**将来に向かってのみ効力**を生じる（契約時に遡及しない）。

 解除の意思表示は、口頭で行うことも可能だが、**配達証明付内容証明郵便**が用いられることが多い。

①	ア）解除の意思表示に**条件を付けることはできない**（原則）。 イ）履行の催告時に「○日以内に債務を履行しない場合には、この催告をもって解除する」という条件を付けることは**許される**（例外）。
②	賃貸不動産が共有物で**貸主が複数いる場合**、貸主側が解除をする場合、共有持分の**過半数を有する共有者の同意**が必要

4．賃貸不動産の滅失による終了等 今年のヤマ

全部が滅失・朽廃等で使用・収益できなくなった場合	賃貸借契約は**終了** ※当事者の帰責事由の有無は問わない。 ❸
一部が滅失・朽廃等で使用・収益できなくなった場合	①残存部分では目的達成できない。 ➡借主は**契約を解除できる**。 ※借主の帰責事由の有無を問わない。 ②使用・収益できなくなった部分の割合に応じて、賃料が**減額**（当然に減額され、借主の減額請求は必要ない） ※借主に**帰責事由がない**場合

 貸主・借主のいずれかに帰責事由がある場合に契約を終了したときは、後は帰責事由がある当事者に対する**損害賠償請求**の問題として処理する。

 債務不履行を理由に賃貸借契約を解除する方法として、催告と同時に「期間内に支払がない場合には、この催告をもって賃貸借契約を解除することとします。」と記載して解除の意思表示を行うことは、解除に条件を付するものであるため、無効である。 （H29－18）

答	条件の内容が相手方に不利益を課すものではない場合は、条件の付与も可能であり、本問の催告も借主に不利ではないので有効。 ×

⑮ 賃貸借契約④

賃貸不動産管理に関係する法令

3日目 賃貸不動産管理に関係する法令

合格る■チェックシート **16**

賃貸借契約⑤

直前フォーカス

「敷金」はほぼ毎年出題されている重要テーマであり、今年も出題される可能性が高い。また、「貸主の地位移転」も近年の改正点であり、要注意である。

1. 敷金　💡今年のヤマ

定義	いかなる名目によるかを問わず、賃料債務その他の賃貸借に基づいて生ずる借主の貸主に対する金銭の給付を目的とする債務を担保する目的で、**借主が貸主に交付する金銭** ❶
担保される債務 （具体例）	①滞納した賃料 ②自然の消耗以外の損傷の原状回復費用 ③毀損や汚損に対する損害賠償金 ④借主が無権限で行った工事の復旧費 ⑤契約終了後、明渡しまでの賃料相当額の損害賠償金等
返還の範囲	敷金の額から賃貸借から生じた借主の債務の額を控除した残額
敷金の返還時期	次のいずれかの場合、**貸主は敷金を返還しなければならない。** ①賃貸借が終了し、かつ、賃貸物の返還を受けたとき ②借主が適法に賃借権を譲り渡したとき ※賃貸不動産の明渡しと敷金の返還は同時履行の関係に立たない。 　➡借主は先に明渡しをする必要がある。
敷金の差押え	賃貸借契約の期間中に借主の債権者が敷金返還請求権を差し押えた場合、借主の明渡完了時に、敷金により担保される債務（未払い賃料等）があれば、**貸主はこれらの債務を控除した後の残額を差押債権者に支払えば足りる。** ※賃貸借期間中は、支払う必要がない。
敷金の承継	賃貸借契約期間中に当事者が変更した場合
	貸主が変更　敷金関係は、**新貸主に承継される。**
	借主が変更　敷金関係は、原則として**新借主に承継されない。**
敷金の充当	賃貸借契約期間中の敷金の充当
	貸主　いつでも（契約期間中でも）任意に敷金を充当できる。 ※借主への通知や借主の承諾は不要
	借主　不払い賃料等に敷金を充当する旨を主張できない。

敷引特約	明渡し時に敷金から一定額を控除する特約（敷引特約）は借主が内容を理解し、その額が高すぎない場合には、有効である。

コメント 1
敷金契約は、賃貸借契約とは別個の契約であるので、**賃貸借契約後に預け入れる**こともできるし、**敷金契約のみ合意解除**することもできる。

2．対抗要件

対抗要件	①賃借権の登記 ※貸主に登記請求に応じる義務はない。
	②建物の引渡し ※借主は引渡しを受けていれば、その後に**物権**（建物の所有権等）**を取得した者に対抗できる。**

3．貸主の地位の移転　💡今年のヤマ

貸主の地位の移転	賃貸不動産が譲渡された場合、**借主が対抗要件を備えているとき**は、所有権の移転に伴い、**貸主の地位も当然に新所有者（新貸主）に承継 ❷** ※貸主の地位の移転には、**借主の同意・承諾は不要**
貸主の地位の主張	**貸主の地位の移転を借主に主張**するには、新所有者は、所有権移転登記を備えることが必要 ※新貸主は、登記がなければ借主に賃料の請求ができない。
貸主の地位の留保	**譲渡人と譲受人が次の2点を合意**すると、**貸主の地位は移転せず、旧所有者に留まる**（借主の承諾は不要）。 ①**貸主の地位を譲渡人に留保**すること ②**賃貸不動産を譲受人から譲渡人に賃貸**すること ※譲受人が貸主、譲渡人が借主で転貸人、借主が転借人の**転貸借関係が成立**

コメント 2
貸主の地位が移転すると、新所有者は、借主に対する**費用償還債務・敷金返還債務を承継**する。したがって、借主は**必要費・有益費の償還請求**や**敷金返還請求**を新所有者に対して行う。

この過去問に注意
賃貸借契約の継続中に借主の債権者が敷金返還請求権を差し押え、賃貸物件の明渡し前に差押債権者が敷金の支払を貸主に請求した場合、貸主に敷金の支払義務が発生する。　　　　　　　　　　　　　　　　　　　　　　　　　　（R 1 −19）

答　敷金の返還請求権は、契約が終了し、かつ、貸主が返還を受けたときに発生するので契約の継続中に返還請求権を差し押えても、貸主に差押債権者に対する支払義務は発生しない。　　　　　　　　　　×

直前フォーカス

当事者の死亡では「賃貸借契約が終了しない」点に注意しよう。貸主の相続人が複数いる場合の賃料債権と借主の相続人が複数いる場合の賃料債務の扱いを確認しておこう。「賃借物の転貸」はサブリースの基本であり、今年は要注意。

1. 当事者の死亡

貸主の死亡	①相続人が貸主の地位を承継する（賃貸借は終了しない）。 ②相続人が複数いる共同相続の場合の相続開始から遺産分割までの賃料 ➡各共同相続人は、相続分に応じ、賃料を分割して単独で確定的に取得（分割債権） ③相続人が複数いる共同相続の場合の解除権の行使 ➡過半数の共有持分を有する共有者の同意が必要
借主の死亡	①相続人が賃借権を相続する（賃貸借は終了しない）。 相続人が複数いる共同相続の場合の賃料支払義務 ➡各相続人が賃料全額の支払義務を負う（不可分債務）。❶ ②借主の相続人がいない場合（居住用建物） ア）借主と事実上夫婦・養親子関係にあった同居者は、借主の権利義務関係を承継できる。 イ）同居者が相続人なしに死亡したことを知った日から1か月以内に反対の意思表示をすれば承継されない。

借主が死亡し、相続人が複数いる共同相続の場合、各共同相続人が負う賃料債務は不可分債務となるので、貸主は各相続人に対して、賃料全額の支払いを請求できる。

2. 賃借物の転貸　今年のヤマ

（1）転貸を行う場合

要件	貸主（原賃貸人）の承諾が必要
無断転貸の場合	第三者に現実に目的物の使用・収益を開始させたときは、貸主は賃貸借契約を解除できる。 ※貸主に対する背信的行為にあたらない特段の事情がある場合には、解除できない。❷

「背信的行為にあたらない特段の事情」とは、例えば、個人の借主が、同居している子に対して賃貸物件を貸主の承諾を得ることなく、転貸した場合である。

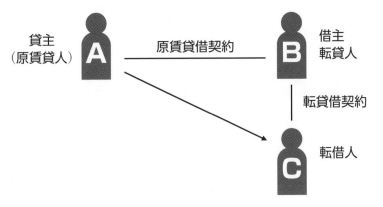

（2）賃料支払義務 ❸

転借人は、貸主に対して、**賃借料と転借料の範囲内**（低い方）で、**賃料支払い義務**を負う。

原賃借料 （A➡B）	転借料 （B➡C）	請求額 （A➡C）
20万円／月	30万円／月	20万円／月
30万円／月	20万円／月	20万円／月

 コメント❸ 転借人が貸主から請求を受けた場合、転借人は**期限より前に転貸人に転借料を払っていたこと**（前払い）を理由に支払いを拒絶できない。

（3）原賃貸借契約の終了と転借人の保護

原賃貸借の 終了原因	転借人への対抗の可否
債務不履行 による解除	**転借人に対抗できる**（転借人に明渡しを請求できる）。 ※貸主が**転借人に目的物の返還請求**をしたときに、**転貸借も履行不能により終了**する。 ※貸主は、解除しようとする際、**借主に催告すればよく、転借人に対して催告する必要はない**。
合意解除	**転借人に対抗できない**。 ※この場合でも、**貸主が債務不履行による解除権を有していたとき**は、転借人に解除を対抗できる。
期間満了 解約の申入れ	貸主は転借人に通知しなければ、**転借人に対抗できない**。 ※転貸借は、**通知日から6か月を経過することによって終了**する。

この過去問に注意 原賃貸借契約を転貸人の債務不履行を原因として解除する場合、転借人に対し、解除に先立って催告しなければ、債務不履行解除を転借人に対抗することができない。
（H29－9）

答 原賃貸人は転借人に催告することなく契約を解除し、対抗することができる。　　　　　　　　　　　　　　　　　　　　×

🔍直前フォーカス

「定期建物賃貸借」は毎年出題される重要テーマである。普通建物賃貸借との相違点を整理しておこう。「賃料の増減額請求」も頻出であり、特に増額請求・減額請求がされた場合の扱いと増減額請求に関する特約を押さえておこう。

1．定期建物賃貸借 ❶ 💡今年のヤマ

成立	①書面又は電磁的記録で行う。 ※公正証書でなくても、書面であればよい。 ②契約に「更新しない旨（更新否定条項）」を定めることが必要
期間	①期間の定めがある賃貸借 ❷ ②期間に制限はなく、1年未満も可 【例】「60年」としたら「60年」、「6か月」としたら6か月の期間となる。
事前説明	貸主が、借主に対し、「期間満了で契約は終了し、更新しない旨」をあらかじめ書面（契約書とは別書面）を交付（又は借主の承諾を得て電磁的方法で提供）して説明する必要がある。 ※事前説明を行わなかった場合、更新が可能な普通建物賃貸借契約が成立 ※媒介業者が宅建業法に定める重要事項説明を行っていても、この事前説明は必要（ただし、貸主から代理権を授与された宅建士が重要事項説明書に事前説明書の内容等を記載して説明することで両者を兼ねることは可能）
中途解約	借主は次の①～③のすべてに該当する場合、契約期間中でも解約できる。 ※解約申入れから1か月経過で終了 ①居住用建物 ②床面積200㎡未満 ③転勤や療養等やむを得ない事情で生活本拠として使用することが困難
終了	①1年以上の期間を定めた定期建物賃貸借は、期間満了の1年前から6か月前までの間に、貸主が借主に対し終了する旨の通知をしなければ終了を借主に対抗できない（通知期間経過後に、この通知をした場合、通知後6か月経過後は対抗できる）。 ②契約期間終了後でも、再契約をすることは可能
再契約	①従前の契約内容に拘束されない。 ②宅建業法に基づく重要事項の説明が必要（報酬も新たに発生） ③明渡し・原状回復は不要

コメント **1**　平成12年3月1日より前に締結された居住用建物の普通建物賃貸借契約は、貸主と借主が合意しても、これを終了させ、新たに定期建物賃貸借契約を締結することはできない。

コメント **2**　期間は確定したものでなければならないので、「貸主が死亡したときに契約が終了する」という不確定期限付の賃貸借は、貸主がいつ死亡するかが不確定であり、確定した期間を定めたものとはいえない。

2．取壊し予定の建物賃貸借

場合	法令又は契約により一定期間経過後に建物を取り壊すことが明らか ※建物を取り壊す時に賃貸借が終了する旨を定めることができる。
成立	建物を取り壊す理由を記載した書面又は電磁的記録で特約することで成立 ※公正証書でなくても、書面であればよい。

3．賃料の増減額請求権 ＜今年のヤマ＞

要件	①租税その他の負担の増減により不相当となった場合 ②経済事情の変動により不相当となった場合 ③近傍同種の建物の賃料と比較して不相当となった場合
効果	請求が相手方に到達したときに、将来に向かって効力が生じる。
調停前置	訴訟を提起する前に、「調停」の手続きが必要（調停前置主義）
増額請求	借主は「相当と考える賃料」を支払えばよいが（増額された賃料を支払う必要はない）、決定した新賃料よりも不足している場合 ➡不足額に年１割の割合で支払期後の利息を付して支払う。
減額請求	貸主は「相当と考える賃料」を請求し受領できるが（従前の賃料と同額でも構わない）、支払いを受けた額が決定した新賃料を超えている場合 ➡超えた額に年１割の割合で受領時からの利息を付して返還

4．増減額請求に関する特約 ＜今年のヤマ＞

特約	普通建物賃貸借	定期建物賃貸借
「増額請求をしない」特約	有効	有効
「減額請求をしない」特約	無効	

5．普通建物賃貸借契約の特約の有効性

有効：○　　無効：×

①	建物が競売され、所有権が他に帰属した場合、契約は終了する旨の特約	×
②	期間の更新・延長について合意が成立しない場合、契約が期間満了と同時に当然終了する旨の特約	×
③	期間満了時に賃貸借が解約される旨の特約	×
④	賃料の振込手数料を貸主負担とする旨の特約	○
⑤	造作買取請求権を行使しない特約	○
⑥	事実上夫婦と同様の関係にあった同居者が賃借権を承継しない旨の特約	○
⑦	借主が修繕義務を負う旨の特約	○
⑧	必要費・有益費を償還しない旨の特約	○
⑨	更新事務手数料を支払う旨の特約	○

この過去問に注意

定期建物賃貸借契約に特約を設けることで、借主の賃料減額請求権を排除することが可能である。　　　　　　　　　　　　　　　　　　　　　（R４−24）

答　定期建物賃貸借契約では当事者の特約が優先されるので、借主の賃料減額請求権を排除することが可能である。　　　　　　　　　　　○

合格る■チェックシート**19**　**弁済充当・供託・破産と賃貸借・不法行為〔民法〕**

直前フォーカス

　「弁済充当」「供託」「破産と賃貸借」「不法行為」は、いずれも基本事項を押さえておけば十分である。

1．弁済充当

　弁済の充当は、⑴合意充当→⑵指定充当→⑶法定充当の順序でなされる。

⑴合意充当	弁済者（借主）と受領者（貸主）に合意があれば、その合意に従う。
⑵指定充当	①合意がない場合、弁済者は、給付の時に、その弁済を充当する債務を指定できる。 ②弁済者が指定しない場合、受領者が弁済を充当する債務を指定できる。 ※弁済者が直ちに異議を述べると効力が生じない。 ③債務に利息や費用が発生していれば、費用→利息→元本の順で充当される。
⑶法定充当	①指定がないときや、債権者の指定が拒絶された場合は、法定の順序で充当される。 ②債務に利息や費用が発生していれば、費用→利息→元本の順で充当される。

2．供託

　供託ができるのは、次の①〜③のいずれかの理由がある場合である。❷

理由（供託原因）	注意点・具体例
①債務者が適法な弁済の提供をしたにもかかわらず、債権者が受領を拒む場合（受領拒絶）❶	ア）債権者があらかじめ弁済の受領を拒んでいる場合は、一度は口頭の提供をしたうえで供託しなければならない（原則）。 イ）口頭の提供をしても、債権者の受領しないことが明確であれば、口頭の提供をせずに、直ちに供託できる（例外）。
②債権者が受領することができない場合（受領不能）	【例】貸主の所在が不明や不在で受領できない場合
③債務者が過失なく債権者を確知することができない場合（債権者不確知）	【例】貸主死亡後の相続人と称する者の相続権の有無が不明である場合や貸主であると主張する者が複数名おり、借主が過失なく貸主を特定できない場合

 ❶　受領拒絶の場合に、弁済の提供をしても**債務不履行責任を免れる**にすぎない。借主は、弁済供託（借主が賃料等を供託所に供託すること）を行うことで、**賃料支払義務を免れる**ことができる。

コメント 2 債務者は、供託後、遅滞なく、債権者に供託の通知をしなければならない。また、弁済供託がなされた場合、債権者は、いつでも供託金を受領できる。

3．破産と賃貸借

借主の破産	①借主について破産手続開始の決定がされても、**貸主は賃貸借契約を解除できない**。 ②借主について破産手続開始の決定がされると、**破産財団の管理処分権は破産管財人に帰属**し、破産管財人が、賃料の支払い義務を負い、貸主との関係における**催告・解除等の意思表示の相手方**となる。 ③破産管財人は、「**賃貸借契約の解除**」又は「**履行**」のどちらかを選択できる。
貸主の破産	①貸主について破産手続開始の決定がされても、**賃貸借契約は終了しない**。 ②貸主について破産手続開始の決定がされると、**破産財団の管理処分権は破産管財人に帰属**し、破産管財人が、賃料の請求や収受を行い、修繕義務を負い、解除の意思表示の相手方となる。 ③破産管財人は、「**賃貸借契約の解除**」又は「**履行**」のどちらかを選択できる。 ※借主が対抗要件（登記又は引渡し）を備えていると、**解除を選択できない**。 ④借主が敷金を預託している場合、賃料の支払いの際、借主は破産管財人に対して敷金の額まで**寄託を請求できる**。

4．土地工作物責任（不法行為）

①土地の工作物（建物）の設置又は保存に瑕疵があったため他人に損害を与えた場合、第1次的には占有者が損害賠償責任を負う（過失責任）。❸❹
②占有者が損害発生防止に相当な注意を尽くしていたことを証明したときは、第2次的には所有者が責任を負う（無過失責任）。
③損害の原因について他に責任を負う者がある場合、**占有者又は所有者は求償することができる**（この場合でも、占有者又は所有者は責任を免れない）。

コメント 3 **設置の瑕疵**とは、設置当初から欠陥がある場合をいい、**保存の瑕疵**とは、設置後の維持管理の過程において欠陥が生じた場合をいう。

コメント 4 管理業者は、建物の安全確保について事実上の支配をなしうる場合、占有者として土地工作物責任を負うことがある。

 借主が滞納賃料の一部を支払った場合で、弁済充当の合意がないときは、支払われた賃料は費用、利息、元本の順番で充当される。　　　　　（R1−18）

答 当事者間に合意がないときは、指定充当となり、支払われた賃料は、費用→利息→元本の順番で充当される。　　　　　　　　　　○

39

4日目

合格る■チェックシート⑳

抵当権・保証債務（民法）

直前フォーカス

抵当権が実行された場合の借主と買受人の優劣は、抵当権設定登記と賃借権の対抗力取得との先後によって決まることを確認しておこう。保証債務は最近の改正点である「保証人に対する情報提供」と「個人根保証」を押さえておこう。

抵当権と賃借権　⚡今年のヤマ

抵当権設定登記前の賃借権	抵当権設定登記後の賃借権
対抗要件（登記・建物の引渡し等）を備えていれば、借主は賃借権を抵当権者や買受人に対抗することができる。 ※買受人に貸主の地位が移転し、敷金の返還義務も当然に買受人に承継される。	【原則】 対抗要件を備えていても、抵当権者や買受人に対抗することができない。❶ 【例外】 建物の借主は、建物を買受人の買受時より6か月間は、買受人に建物を引き渡す必要はない（明渡し猶予制度）。❷ ※買受人に賃貸人の地位は移転しないので、敷金の返還義務は買受人に承継されない。

コメント❶ 抵当権に基づく差押えと借主との優劣は、抵当権設定登記と借主の対抗要件の取得との先後によって決まる（借主が対抗要件を備えたのが、抵当権の設定登記後であれば、差押え前でも、借主は、抵当権者に賃借権を対抗することができない）。

コメント❷ 「6か月間の明渡し猶予」があっても、①借主は建物の使用について賃料相当の対価の支払義務を負い、②買受人には敷金返還義務がない点も注意。

保証債務

1．保証債務の成立と範囲

成立	①債権者と保証人との間に保証契約が成立していることが必要 ❸ ②保証契約は、書面又は電磁的記録で行わなければ成立しない。 　※賃貸借契約書中に保証の規定と保証人の署名押印があればよい。
範囲	保証債務には、元本のほか、利息・違約金・損害賠償等、主たる債務に従たる性質を有するすべてが含まれる。 ※借主の明渡しの遅延によって生じた賃料相当損害金も含まれる。

コメント❸ 保証人を家賃債務保証業者に依頼する場合も多い（機関保証）。家賃債務保証業者の登録制度もある（任意の制度で国土交通大臣に登録。有効期間5年。登録簿は一般の閲覧に供される）。

2．賃料の保証債務と契約の更新・再契約

賃貸借契約が更新した場合	保証人は当然に更新後も保証債務を負う。
定期建物賃貸借が再契約された場合	保証人は新たに保証契約を締結する必要がある。

3．保証債務の性質

①付従性

保証債務は主たる債務の限度で存在。主たる債務がなくなれば保証債務も消滅する。

②随伴性

主たる債務が移転すれば、**保証債務も移転する**。

③補充性（保証人は、次の**抗弁権**を有する。連帯保証人にはない）

催告の抗弁権	債権者の請求に対して「**主たる債務者に請求せよ**」と抗弁できる。
検索の抗弁権	債権者が主たる債務者に請求したうえで、保証人に請求した場合でも、「**主たる債務者の財産に強制執行をかけろ**」と抗弁できる。

4．保証人に対する情報提供義務 今年のヤマ

保証人が借主（主たる債務者）の委託を受けて保証をした場合、保証人の請求があったときは、**貸主（債権者）**は、遅滞なく、債務の履行状況（借主が賃料を滞納しているかどうか等）に関する情報を提供しなければならない。

5．個人根保証契約 今年のヤマ

個人根保証契約の保証人は、極度額を限度として、その履行をする責任を負う。個人根保証契約は、極度額を書面で定めなければ、その効力を生じない。❹

 コメント **4**　保証人が個人（自然人）ではなく、法人の場合、極度額を書面で定めていなくても根保証契約は成立する。

個人根保証契約における元本確定事由は、次の通りである。

①	債権者が、保証人の財産について、**強制執行や担保権の実行を申し立てたとき**
②	**保証人が破産手続開始の決定を受けたとき**
③	**主たる債務者又は保証人が死亡したとき**

....

> この過去問に注意
>
> Aを貸主、Bを借主として建物賃貸借契約を締結した場合において、Aは極度額の記載のない連帯保証契約書を持参してC（個人）と面会し、口頭で極度額について合意した上、Cの署名押印を得た。この場合、AC間の連帯保証契約は効力を生じる。
>
> （R4 −27）

> 答　書面によって極度額を定めなかったときは、個人根保証契約は効力を生じない。　　　　　　　　　　　　　　　　×

合格る■チェックシート**21** 使用貸借契約・委任契約・請負契約（民法）

直前フォーカス

「使用貸借契約」は「賃貸借契約」との比較が重要である。２つの契約の相違点を確認しよう。管理受託契約は「委任契約」や「請負契約」あるいは両者の「混同契約」の性質を有しているので基本事項はしっかり整理しておこう。

使用貸借契約

1．使用貸借契約の概要

成立	貸主がある物を引渡し、借主が受け取った物を無償で使用・収益して契約が終了した時に返還することを約束すること（合意）によって成立
存続期間	なし（自由に決めることができる）
終了	①期間の定めがある➡ その期間の満了 ②期間の定めがない | 使用・収益の目的を定めている | 使用・収益を終了した時点 | ③借主の死亡➡ 使用貸借は終了（相続人に承継されない）

2．使用貸借契約と賃貸借契約の相違点 今年のヤマ

	使用貸借契約	賃貸借契約
契約の成立	諾成契約	諾成契約
対価性	無償契約	有償契約
存続期間	規定なし （自由に決められる）	民法の賃借権：最長50年 借家権：制限なし
法定更新	なし	あり
通常の必要費	借主負担	賃貸人負担
修繕義務	貸主は負わない	賃貸人が負う（原則）
貸主の死亡	貸主の地位は相続人に承継	賃貸人の地位は相続人に承継
借主の死亡	使用貸借は終了	賃借権は相続人が相続
対抗要件	なし	あり
借地借家法の適用	なし	あり

委任契約

1．委任契約の概要

契約の分類	①諾成契約（委任者・受任者の合意で成立） ※委任は「事務の処理」が目的 ⇔ 請負は「仕事の完成」が目的 ②無償契約
	| 原則 | 報酬なし（無償契約） | | 例外 | 特約で報酬を支払うとした場合（有償契約） |

受任者の義務	①善管注意義務（有償・無償問わず） ※自らの財産を管理するのと同程度の注意では足らない。 ②自己服務義務	
	原則	受任者は委任事務を第三者に任せてはならない。
	例外	次のいずれかの場合は、復受任者を選任できる。 　ア）委任者の許諾がある場合 　イ）やむを得ない事由がある場合
	③ 受取物引渡義務 委任事務履行中に受け取った金銭等・果実を委任者に引き渡す。 ※賃貸管理の場合、集金した賃料や賃料から生じた利息が該当する。	

2．委任の終了事由　　　　　　　　　　　　　　　　○：終了　　×：終了しない

	委任者	受任者
死亡	○	○
破産手続開始の決定	○	○
後見開始の審判	×	○

請負契約

1．請負契約の概要

契約の分類 ❶	①諾成契約（注文者と請負人の合意で成立） ※請負は「仕事の完成」が目的 ②有償契約 ※報酬の支払いと目的物の引渡しが同時履行の関係になる。	
解除	注文者	仕事の完成前であれば、損害を賠償して解除できる。
	請負人	注文者が破産手続開始の決定を受けたときは、解除できる。

 賃貸住宅管理業法上の管理受託契約は、①委任契約、②請負契約、③委任契約と請負契約との混合契約のいずれかの性質を有する。

2．請負契約の契約不適合責任（担保責任）

内容	引き渡された仕事の目的物が種類又は品質に関して契約に適合しない場合、請負人が注文者に契約不適合（担保責任）を負う。
責任内容	①追完請求（修補請求等） ②報酬減額請求 ③損害賠償請求・契約の解除
期間制限	注文者が契約不適合を知った時から1年以内に請負人に通知する。 ※この通知をしないと注文者は担保責任を追及できない。

....

 貸主が死亡した場合、使用貸借契約は終了するが、賃貸借契約は終了しない。

(H28−17)

答	いずれも貸主死亡では終了しない。なお、借主死亡の場合、賃貸借は終了しないが、使用貸借は終了する。　　　　　　　　　　　　　　×

直前フォーカス

　　意思表示は出題される可能性があるので注意しよう。3年を超えない定期建物賃貸借契約の締結は管理行為である点も注意。また、相続登記が義務化された点を押さえておこう。

1. 意思表示 💡今年のヤマ

		当事者間	対第三者
心裡留保	原則	有効	
	例外	無効（相手方が悪意又は善意有過失）	善意の第三者に対抗できない
通謀虚偽表示		無効	善意の第三者に対抗できない
錯誤		原則　取り消すことができる ①要素の錯誤 ②表意者に重大な過失がない ❶	取消し前の善意無過失の第三者に対抗できない
強迫		取り消すことができる ❷	取消し前の善意無過失の第三者に対抗できる
詐欺		取り消すことができる ❷	取消し前の善意無過失の第三者に対抗できない

 次の場合は、表意者に**重過失**があっても取り消すことができる。
①相手方が表意者に錯誤があることについて**悪意又は善意重過失**のとき
②相手方が**同一の錯誤**に陥っていたとき

 第三者による強迫の場合は、**相手方が善意無過失でも取り消すことができる**が、**第三者による詐欺**の場合は、**相手方が悪意又は善意有過失のときのみ取り消す**ことができる。

2. 共有物の保存・管理・処分

行為	具体例	要件
保存	①**修繕** ②不法占拠者への明渡し請求	各共有者が**単独**ですることができる
管理 軽微変更	①**3年を超えない定期建物賃貸借 　契約の締結**（短期賃貸借） ②共有物の賃貸借契約の解除 ③管理者の選任・解任	各共有者の**持分価格の過半数の同意が必要**

44

重大変更処分	①全部の売却 ②3年を超える定期建物賃貸借契約の締結（長期賃貸借）	共有者全員の同意が必要

3．相続（P.34　1．当事者の死亡も確認しよう）

（1）相続

①相続人は、相続開始の時から、被相続人の財産に属した一切の権利義務を承継する（包括承継）。
②相続人が数人あるときは、相続財産は、その共有に属する。
③不動産の所有権の登記名義人に相続が開始した場合、相続・遺贈により不動産の所有権を取得した相続人は、相続の開始及び所有権を取得したと知った日から3年以内に、相続や遺贈を原因とする所有権移転登記申請の申請をしなければならない（違反した場合、10万円以下の過料の対象）。

（2）相続人と相続分

法定相続人		法定相続分		
配偶者は常に相続人		1／2	2／3	3／4
血族	①子（養子を含む）❸	1／2	—	—
	②直系尊属（父母・祖父母等）	—	1／3	—
	③兄弟姉妹 ❸	—	—	1／4

 相続を放棄した者の子については、代襲相続は生じないが、欠格事由に該当する者や廃除された者の子は代襲相続することができる。

（3）相続の単純承認・限定承認・放棄

内容	単純承認	被相続人の財産を無限に承継する。
	限定承認	相続で得た財産の範囲内で債務を負担する。 ※限定承認は、相続人全員で行う必要がある。
	放棄	初めから相続人ではなかったことになる。
時期		限定承認、放棄をする場合、相続開始があったことを知った時から3か月以内に家庭裁判所に申述する。 ※しないときは、単純承認したものとみなされる。

 3人が共有している賃貸住宅について、契約期間を3年とする定期建物賃貸借契約の締結には、全員の合意は必要ないが、共有者の持分の価格に従い、その過半数で決することを要する。　　　　　　　　　　　　　（R5－22）

答　「契約期間を3年」は3年を超えていないので、共有物の管理行為として、共有者の持分の価格に従い、その過半数で決する。　　　　〇

個人情報保護法

前フォーカス

　個人情報保護法は、H27・28年、R１・２・４年に出題されている。特に「個人情報取扱事業者の主な義務」を押さえておこう。

1．用語の意味

個人情報	生存する個人の情報で次の①～③をいう。 ①その情報に含まれる**氏名・生年月日**その他の記述等により特定の個人を識別できる情報 ②他の情報と**容易に照合**することで特定の個人を識別できる情報 ③個人識別符号が含まれる情報
個人識別符号	次の①②をいう。 ①特定の個人の**身体の一部の特徴を電子計算機のために変換した符号** 【例】顔認識データ・指紋認識データ ②役務の利用や商品の購入に関し**対象者ごとに異なるものとなるように割り当てられた符号** 【例】パスポート番号・免許証番号・マイナンバー
要配慮個人情報	本人に対する**不当な差別、偏見等の不利益が生じないように**取扱いに特に配慮を要する記述等が含まれる個人情報 【例】人種・信条・社会的身分・病歴・犯罪の経歴・犯罪により害を被った事実等
個人情報 データベース等	**個人情報を含む情報の集合物**で、次の①②をいう。 ①特定の個人情報を電子計算機（コンピュータ）を用いて検索できるように体系的に構成したもの ②特定の個人情報を容易に検索できるように体系的に構成したもの（電子計算機によらなくても） 【例】顧客名簿
個人情報 取扱事業者	個人情報データベース等を事業の用に供している者　❶

コメント **❶**　指定流通機構（レインズ）にアクセスできる事業者は、個人情報データベース等の保有の有無や扱う個人情報の件数に関わらず、**個人情報取扱事業者**に該当する。

２．個人情報取扱事業者の主な義務 今年のヤマ

①	個人情報を取り扱う際に、利用目的をできる限り特定しなければならない。
②	一定の場合を除いて、**あらかじめ本人の同意を得ないで、要配慮個人情報を取得してはならない。**
③	**個人情報**（要配慮個人情報を含む）を取得した場合は、速やかに、**利用目的を本人**に通知し、又は公表しなければならない。 ※あらかじめその利用目的を公表している場合はその**必要がない。**
④	本人から**直接書面に記載された当該本人の個人情報を取得する場合は、あらかじめ、本人に対し、その利用目的を明示**しなければならない。 ※人の生命、身体又は財産の保護のため**緊急に必要がある場合、その必要はない。**
⑤	次のいずれかの**個人データの漏えい等**が生じたときは、その事態が生じた旨を個人情報保護委員会に**報告**しなければならない。 ①要配慮個人情報の場合 ②財産的被害が発生するおそれがある場合 ③不正アクセス等故意による場合 ④個人データに係る本人の数が**1,000を超える場合**
⑥	次の場合を除いて、**あらかじめ本人の同意を得ないで、個人データを第三者に提供**してはならない。 ①利用目的の達成に必要な範囲内において個人データの取扱いを委託する場合（**業務委託**） ②合併等の事業の承継に伴って個人データが提供される場合（**事業承継**） ③共同して利用する個人データが特定の者に提供される場合（**共同利用**）
⑦	ア）**個人データを第三者に提供したとき**は、原則として、「個人データを提供した年月日」、「第三者の氏名又は名称その他の事項」に関し、記録を作成しなければならない（**記録作成義務**）。 イ）**第三者から個人データの提供を受けるに際して**は、原則として、「第三者の氏名又は名称・住所及び法人にあっては、その代表者の氏名」、「第三者による個人データの取得の経緯」について、確認を行わなければならない（**確認義務**）。

この過去問に注意

　個人情報取扱事業者が個人情報を取得する場合は、利用目的をできる限り特定して通知又は公表する必要があるが、要配慮個人情報でない限り、本人の同意を得る必要はない。　　　　　　　　　　　　　　　　　　　　　（Ｒ４－42）

答　個人情報を取得した場合、それが要配慮個人情報であれば、通知又は公表に加え、あらかじめ本人の同意を得なければならないが、要配慮個人情報でなければ、本人の同意は必要ない。　　　　　　　　○

住宅セーフティネット法・高齢者住まい法・民泊法

直前フォーカス

　「住宅セーフティネット法」は住宅確保要配慮者が今後も増加し、賃貸住宅の空室対策として登録制度の活用が見込めることから今年は出題される可能性がある。「高齢者住まい法」は終身建物賃貸借を押さえておこう。

1．住宅セーフティネット法　**今年のヤマ**

（1）住宅確保要配慮者向け住宅の登録制度

①貸主は、空き家等を住宅確保要配慮者の入居を拒まない賃貸住宅（登録住宅）として、都道府県知事の登録を受けることができる。**❶**

②登録を受ける空き家等は、構造・設備、床面積、家賃等が、所定の**登録基準に適合**していなければならない。

③登録を受けた貸主は、入居を希望する**住宅確保要配慮者**に対し、**住宅確保要配慮者**であることを理由に入居を拒否してはならない。

④都道府県知事は、登録住宅の情報開示を行うとともに、住宅確保要配慮者の入居に関し貸主を監督する。

⑤登録住宅の改修費は住宅金融支援機構の融資を受けることができる。

コメント❶　登録住宅は、登録の際に入居を拒まない**住宅確保要配慮者**の範囲を限定することができる。したがって、限定した範囲外の入居者を拒むことは可能である。

（2）登録住宅の改修・入居者への経済的支援

専ら**住宅確保要配慮者**のために用いられる**登録住宅**には、①バリアフリー等の改修費を国・地方公共団体が補助する、②地域の実情に応じて、要配慮者の家賃債務保証料や家賃低廉化に対し、国・地方公共団体が補助する助成措置が講じられている。

（3）住宅確保要配慮者の入居促進

居住支援法人制度	①都道府県知事は、ＮＰＯ等の法人を**居住支援法人**として指定することができる。 ②居住支援法人は、住宅確保要配慮者の**家賃債務保証・登録住宅の情報提供・入居相談**等を行う。
住宅扶助費等の代理納付を推進するための措置	①生活保護受給者である入居者が**家賃滞納のおそれ**がある場合、保護の実施機関（福祉事務所）に通知をする。 ②通知を受けた保護の実施機関は、必要があれば、**住宅扶助費等の代理納付の措置を講じる**ことができる。
保険加入	**家賃債務保証業者**は、住宅金融支援機構による保険に加入できる。

2．高齢者住まい法

終身建物賃貸借

内容	賃貸借契約は借主の死亡に至るまで存続し、かつ、借主が死亡したときに終了する（借主一代限りの賃貸借）。 ※対象となる賃貸住宅はバリアフリー化の基準を満たしていること等が必要 ※特約で賃料増減額請求権を排除することが可能
要件	公正証書等の書面又は電磁的記録で行う。 ※書面であれば、公正証書である必要はない。
借主の資格	高齢者（60歳以上）であることが必要 ※同居者は、配偶者（60歳未満でもよい）又は60歳以上の親族に限定

3．住宅宿泊事業法（民泊法）

（1）住宅宿泊事業者

住宅宿泊事業 （民泊）	①宿泊料を受けて住宅に人を宿泊させる事業 ②次の2つのタイプがある。	
	家主居住型	家主が居住しながら、住宅の一部に人を宿泊させるホームステイを行うタイプ
	家主不在型	人を宿泊させる間家主が不在となる（空き家に宿泊者を泊める）タイプ
住宅宿泊事業者	都道府県知事に届出をして住宅宿泊事業を営む者	
宿泊日数	原則	1年間で180日（泊）が上限
	例外	都道府県等は、条例で、区域を定めて、期間を制限できる。

（2）住宅宿泊管理業者

住宅宿泊管理業者	国土交通大臣の登録を受けて住宅宿泊管理業を営む者 登録の有効期間➡ 5年（更新できる）
住宅宿泊管理業者 の業務	①管理受託契約の締結前、委託者に対し、管理受託契約の内容等について、書面を交付して説明しなければならない。 　※書面の交付は電磁的方法による情報提供を行った場合、不要 ②管理受託契約の締結後、委託者に対し、遅滞なく、所定の事項を記載した書面を交付しなければならない。 ③住宅宿泊事業者から委託を受けた住宅宿泊管理業務（6項目の措置）について、家主である住宅宿泊事業者を代行する ④住宅宿泊事業者から委託された住宅宿泊管理業務の全部を他の者に対し、再委託してはならない。

セーフティネット住宅（登録住宅）の借主が生活保護受給者であって家賃滞納のおそれがある場合、保護の実施機関が住宅扶助費を貸主に代理納付することができる。　　　　　　　　　　　　　　　　　　　　　　（R2－5）

答　この場合、事業者は、保護の実施機関（福祉事務所）に通知し、通知を受けた保護の実施機関は事実確認を行い、必要があると判断した場合は、住宅扶助費を貸主に代理納付することができる。　　　　　○

賃貸不動産管理に関係する法令

合格る■
チェック
シート**25**

宅地建物取引業法

直前フォーカス

　　賃貸住宅管理業者が宅地建物取引業の免許を受けた宅地建物取引業者であることも多く、賃貸不動産経営管理士もこの法律に関する知識は必須であり、賃貸借に係る部分が出題される。基本事項を整理しておこう。

1．宅建業法の適用の有無

○：あり　×：なし

取引態様	宅建業法の適用
自ら当事者（貸主・借主）として行う行為 【例】サブリース方式における募集業務	×（免許不要）❶
賃貸借契約を代理・媒介する行為 【例】管理受託方式における募集業務	○（免許必要）❸

コメント ❶　貸主（オーナー）が自ら行う場合には、すべての行為が宅地建物取引業には該当せず、**募集業務や借主入居後の業務**について、宅地建物取引業法は適用されない。

2．ＩＴを活用する重要事項説明

　　次の①〜④をすべて満たす場合に、ＩＴを活用して重要事項説明を行うことができる。

①**図面等の書類・説明の内容**について十分に理解できる程度に映像を視認でき、かつ、双方が発する音声を十分に聞き取ることができるとともに、双方向でやりとりできる環境において実施していること ❷
②**宅建士により記名された重要事項説明書・添付書類**を、重要事項の説明を受けようとする者にあらかじめ送付していること
③重要事項の説明を受けようとする者が、重要事項説明書・添付書類を確認しながら説明を受けることができる状態にあること、**映像・音声の状況**について、宅建士が説明を開始する前に確認していること
④宅建士が、宅建士証を提示し、重要事項の説明を受けようとする者が、宅建士証を画面上で視認できたことを確認していること

コメント ❷　重要事項説明を開始した後、**映像を視認できず、又は音声を聞き取ることができない状況**が生じた場合には、直ちに説明を中断し、その状況が解消された後に説明を再開しなければならない。

コメント ❸　宅地建物取引業者は、**宅地又は建物の貸借**に関し、その媒介により契約が成立したときは、**当該契約の各当事者に、遅滞なく、契約内容に係る書面を交付**（又は電磁的方法により提供）しなければならない。

3．禁止行為

①	重要な事項について、**故意に事実を告げず、又は不実を告げる**行為
②	借受希望者が一度した申込みの撤回を妨げるため、**借受希望者を脅迫する**行為
③	将来の環境又は交通その他の利便について、**借受希望者が誤解するような断定的判断を提供する**行為

4．報酬の受領の制限
【宅建業法が定める報酬額（貸借の場合の報酬額）】❹

	賃貸住宅（居住用建物）の場合
媒介	貸主・借主からそれぞれ借賃の 0.5か月分ずつ ※貸主・借主の承諾を得ている場合は、併せて借賃の 1 か月分まで
代理	貸主・借主併せて借賃の 1 か月分（内訳は自由）

 ①**報酬**は、**成約に至った場合**にのみ受領することができ、成約に至らなかった場合には、報酬だけではなく、**必要経費**（広告費、重要事項説明書の作成費等）も受領できない（**成功報酬の原則**）。
②複数の宅地建物取引業者が入居者募集業務に関与する場合でも、**報酬額の上限**（総合計）は借賃の 1 か月分である（複数の業者が協議して報酬を分配）。
③依頼者から特別の依頼を受けたことによる広告宣伝費（特別の広告の料金）は、例外的に**報酬とは別に実費**を依頼者（貸主）に請求できる。

5．人の死の告知に関するガイドライン（居住用不動産を対象）

	賃貸借契約	売買契約
①自然死・不慮の死	原則：告げなくてよい	
②①以外の死（自死・他殺）・特殊清掃等が行われた①の死	原則：概ね 3 年間が経過後は告げなくてよい （事件性・周知性・社会に与える影響等が特に高い場合は告げる）	判断に重要な影響を及ぼすと考えられる場合、告げる必要あり
③隣接住戸・通常使用しない集合住宅の共用部分で発生した②の死	原則：告げなくてよい （事件性・周知性・社会に与える影響等が特に高い場合は告げる）	

※①②は居室と日常生活上使用する共用部分が対象である。
※買主・借主から事案の有無について問われた場合等には、**調査を通じて判明した点を告げる必要がある**（①②③共通の例外）。

 居住用建物の賃貸借の媒介報酬は、借主と貸主のそれぞれから賃料の0.5か月分とこれに対する消費税を受け取ることができるのが原則だが、借主及び貸主双方の承諾がある場合には、それぞれから報酬として賃料の 1 か月分と消費税を受け取ることができる。　　　　　　　　　　　　　　　　　　　（R 2 −17）

答 借主・貸主の承諾がある場合でも、報酬総額は「賃料の 1 か月分」である。貸主・借主それぞれから賃料の 1 か月分に相当する額（合計 2 か月分）を報酬として受け取れるわけではない。　　　　　　　×

直前フォーカス

　住生活基本計画は、R1・2・3年（1肢）に出題されている。目標に対する基本的な施策の内容が問われる。本年度は消費者契約法が要注意だ。

1．住生活基本法（住生活基本計画）

　住生活基本法に基づく住生活基本計画は、2021（令和3）年度から2030（令和12）年度までの10年間を計画期間としている。

住生活基本計画の主な内容（基本的施策は賃貸住宅に関りがあるもの）

【目標1】	「新たな日常」やDXの進展等に対応した新しい住まい方の実現
	【基本的な施策】 ①住宅性能の確保、紛争処理体制の整備などの既存住宅市場の整備とともに、計画的な修繕や**持家の円滑な賃貸化**など、子育て世帯等が安心して居住できる賃貸住宅市場の整備 ②**持家・借家を含め**、住宅に関する情報収集から物件説明、交渉、契約に至るまでの契約・取引プロセスのDXの推進
【目標2】	頻発・激甚化する災害新ステージにおける安全な住宅・住宅地の形成と被災者の住まいの確保
	【基本的な施策】 ハザードマップの整備・周知等による水災害リスク情報の空白地帯の解消、不動産取引時における災害リスク情報の提供
【目標3】	子どもを産み育てやすい住まいの実現
	【基本的な施策】 民間賃貸住宅の計画的な維持修繕等により、良質で長期に使用できる**民間賃貸住宅ストックの形成**と賃貸住宅市場の整備
【目標4】	多様な世代が支え合い、高齢者等が健康で安心して暮らせるコミュニティの形成とまちづくり
	【基本的な施策】 サービス付き高齢者向け住宅等について、地方公共団体の適切な関与を通じての整備・情報開示を推進
【目標5】	住宅確保要配慮者が安心して暮らせるセーフティネット機能の整備
	【基本的な施策】 緊急的な状況にも対応できるセーフティネット登録住宅の活用を推進。地方公共団体のニーズに応じた家賃低廉化の推進
【目標6】	脱炭素社会に向けた住宅循環システムの構築と良質な住宅ストックの形成
【目標7】	空き家の状況に応じた適切な管理・除却・利活用の一体的推進
	【基本的な施策】 空き家・空き地バンクを活用しつつ、セカンドハウスやシェア型住宅等、多様な二地域居住・多地域居住を推進
【目標8】	居住者の利便性や豊かさを向上させる住生活産業の発展

2．消費者契約法 今年のヤマ

（1）用語の定義

消費者	個人のみ（下記の②の個人は除く） ※居住目的で物件を借りる個人の借主は、消費者に該当する。
事業者	①法人その他の団体 ②事業として又は事業のために契約の当事者となる場合の個人 ※アパートの貸主や投資用マンションの貸主も事業者に該当する。
消費者契約	消費者と事業者との間で締結される契約

（2）消費者の保護規定

契約の取り消し	事業者の不適切な行為（不実告知・断定的判断の提供・不利益事実の不告知）が原因で、誤認により消費者契約を締結した場合 【例①】貸家の南隣にマンションが建設されることを知りながら「陽当たり良好」「静か」と勧誘して契約させた場合 【例②】その部屋で前借主が自殺したにもかかわらず、「心理的瑕疵物件」であることをあえて告げずに契約させた場合
不当条項の無効	①滞納賃料についての遅延損害金の利率が年14.6％を超える場合 ➡ 超える部分は無効 ②損害賠償の予定や違約金の額の合算額が「平均的な損害額」を超える場合 ➡ 超える部分は無効 ③家賃債務保証委託契約における追い出し条項（賃料を滞納した場合、家賃債務保証業者が無催告で解除できるとし、借主が建物を明け渡したものとみなす条項）は無効

（3）消費者の利益を一方的に害する条項の無効

民法の基本原則（信義誠実の原則）に反して消費者の利益を一方的に害するような内容の契約条項は、無効となる。❶

❶	「敷引特約」「更新料の支払特約」はこの規定に反せず、有効である。

3．障害者差別解消法 今年のヤマ

禁止行為	宅建業者や管理業者などの事業者は、障害を理由として障害者でない者と不当な差別的取扱いをすることが禁止される。
配慮義務	事業者は、障害者から社会的障壁の除去を必要としている旨の意思の表明があった場合、必要かつ合理的な配慮をしなければならない。
国土交通省のガイドライン	【正当な理由がなく、不当な差別的取扱いにあたると想定される事例】 ①物件一覧表や物件広告に「障害者不可」などと記載する。 ②障害者に対して、客観的に見て正当な理由が無いにもかかわらず、「火災を起こす恐れがある」等の懸念を理由に、仲介を断る。 ③障害者に対し、障害を理由とした誓約書の提出を求める。 ※合理的配慮を提供等するために必要な範囲で、プライバシーに配慮し、障害の状況等を確認することは不当な差別的取扱いにあたらない。

賃貸住宅の敷地の南側に隣接する土地に高層建物が建設されることを知りながら、「陽当たり良好」と説明して賃貸借契約を成立させた場合、消費者契約法に基づき、当該賃貸借契約が取り消される場合がある。　　　　　　（R3－47）

答	消費者は、事実と異なる内容を告げられ（不実告知）、誤認して契約をした場合、その契約を取り消すことができる。本問はこれに該当し、契約が取り消される可能性がある。　　　　　　　　　　　○

5日目

合格る■
チェック
シート
27

建物の維持保全

建築関連法令①

直前フォーカス

建築基準法の規定は毎年出題されている。特に居室に関するものが重要である。
「採光規定と換気規定」と「シックハウス対策」は必ず押さえておこう。

建築基準法

1. 建蔽率

定義	建築物の建築面積の敷地面積に対する割合
内容	都市計画によって用途地域に応じ、次の範囲で指定される。

住居系の用途地域	30〜80%
商業系の用途地域	60〜80%
工業系の用途地域	30〜80%

2. 容積率

定義	建築物の各階の床面積の合計（延べ面積）の敷地面積に対する割合
内容	①都市計画によって指定される。 ②容積率を算定する場合は以下の部分は延べ面積から除かれる。 　ア）共同住宅、老人ホーム等の共用の廊下や階段等の部分 　イ）昇降機（エレベーター）の昇降路の部分等

3. 採光規定と換気規定 ❶　💡今年のヤマ

採光	①居室には、採光に有効な開口部を設けなければならない。❷ ②住宅の居室の採光に有効な部分の開口部の面積として、居室の床面積の1/7以上が必要（原則）
換気	すべての建築物の居室には、技術的基準に従った**換気設備**又は居室の床面積の1/20以上の換気に有効な開口部が必要
適用の有無	○：あり　×：なし

用途	採光規定	換気規定
住宅の居室	○	○
学校・病院の居室	○	○
事務所・店舗等の居室	×	○

 採光・換気について、襖、障子等で常に開放できるもので仕切られた2室は1室とみなされる。

コメント **2**　住宅の居室とは、人が長時間いる場所のことであり、**居間や寝室等**が該当するが、便所や浴室等は居室から除かれる。

4．シックハウス対策　💡今年のヤマ

内　容	建築基準法の改正により**平成15（2003）年7月1日以降着工の建築物**では、シックハウス対策として、**居室を有する建築物**は、建築材料・換気設備について政令で定める**技術的基準に適合**させなければならない。**❸**
原因物質	①ホルムアルデヒド（接着剤に含まれる化学物質） ②VOC（トルエン・キシレン等の**揮発性有機化合物**） ③クロルピリホス（白アリ駆除剤に含まれる有機リン系薬剤）
規制対象	内装仕上げに使用する**ホルムアルデヒドを発散する建材**である**木質建材・壁紙・ホルムアルデヒドを含む断熱材・接着剤・塗装・仕上げ塗材等**
対　策	①家具・日用品等からのホルムアルデヒド等の化学物質の発散 →**新築建物**は、ごく一部の例外を除いて**すべての居室**に機械換気設備（24時間換気設備）を設置しなければならない。**❹** ②天井裏、床下、壁内、収納スペース等からの**居室へのホルムアルデヒドの流入** →**建材による措置、気密層・通気止めによる措置、換気設備による措置**のいずれかが必要となる。

コメント **3**　**中古住宅**にも**増改築・大規模修繕・大規模模様替え**を行う際に適用される。

コメント **4**　機械換気設備は、住宅の居室では**換気回数0.5回／h以上**の性能を確保する。

5．アスベスト対策

内　容	①**天然の鉱石に含まれる繊維**のことで、**石綿**ともいわれる。 ②アスベスト粉じんは、**肺がんや中皮腫**、肺が繊維化してしまう肺繊維症（じん肺）の原因となる。
規制	①建築材料に**アスベストの添加禁止** ②アスベストを**あらかじめ添加した建築材料の使用禁止 ❺**

コメント **5**　例外として、アスベスト等を飛散又は発散するおそれがないものとして国土交通大臣が定めたもの又は国土交通大臣の認定を受けたものは**使用できる**。

この過去問に注意　建築基準法上のシックハウス対策の規定により、居室を有する建築物を建築する場合には、クロルピリホス及びホルムアルデヒドを含む建築材料の使用制限を受ける。　　　　　　　　　　　　　　　　　　　　　　　（H27－29）

答　クロルピリホス・ホルムアルデヒド等の化学物質を含む建築材料の使用が制限される。　　　　　　　　　　　　　　　　　　　　○

合格る■
チェック
シート
28

建築関連法令②

建築基準法の避難施設の規定（廊下の幅・直通階段・階段の幅・敷地内通路）が出題される。数字はもれなく押さえておこう。

建築基準法

1．天井高

居室の天井高	2.1m以上 ※１室で天井の**高さが異なる部分**がある場合、平均の高さが2.1m以上必要
小屋裏物置等 （ロフト等）	天井の高さが1.4m以下で、かつ、設置される階の**床面積の１／２未満**等の一定の基準を満たしたもの ※この部分は**床面積にも建築物の階数にも算定されない**。 ※**小屋裏物置等**は、余剰空間を利用して設置された物置であって、居室として使用することはできない。

2．内装制限

内容	火災時における建物内部の延焼を防ぐ。
規制	①建物の用途や規模に応じて内装材料等に様々な制限が加えられる。 ②新築時だけではなく、**賃貸物件の内部造作工事も対象**となる。 ③居室・通路等の壁、及び天井の室内仕上げが**規制対象**（床は対象外）

3．防火区画

内容	耐火構造・準耐火構造の建築物について、内部の火災や煙が拡大することを防ぐために、**建築物内部を防火上有効に区画する**。
規制	①**防火区画**には、面積区画・高層区画・竪穴区画・異種用途区画がある。 ②**防火区画となる壁・床は、耐火構造**としなければならない。 ③区画を構成する部分に開口部を設ける場合、**防火扉や防火シャッター**などの防火設備としなければならない。

4．界壁

内容	共同住宅の住戸と**隣接する住戸との堺の壁**をいう。
規制	隣接する住戸から**日常生活に伴い生ずる音を衛生上支障がないように低減**するため、原則として、小屋裏又は天井裏まで達する構造とした界壁を設けなければならない。

5．廊下の幅（共同住宅）　💡**今年のヤマ**

住戸の床面積の合計が 100㎡を超える階	両側に居室のある廊下	1.6m以上
	片側に居室のある廊下	1.2m以上

6. 直通階段（共同住宅） ②

その階の居室の床面積の合計が100㎡（耐火・準耐火の場合は200㎡）を超えるもの	2以上の直通階段を設けなければならない。
6階以上の階で居室を有するもの	

 直通階段には、居室の各部分から直通階段までの距離の制限や、2つの直通階段までの歩行距離が一定程度重複しないような位置に設置するという制限がある。

7. 階段の幅

直上階の居室の床面積の合計が200㎡を超える階		120cm以上
その他の階段		75cm以上
屋外階段	直通階段	90cm以上
	その他の階段	60cm以上

8. 敷地内の通路

屋外への出口又は屋外避難階段から道路までの幅	原則	150cm以上
	階数が3以下で延べ面積が200㎡未満の建築物の場合	90cm以上

9. 非常用の照明装置

規制	建築物の居室から地上へ通ずる避難通路となる廊下や階段には、原則として、非常用の照明装置の設置義務が課されている。 ※共同住宅の住戸については、設置義務は課されていない。

10. 非常用の進入口

規制	すべての建築物では、3階以上の階で高さ31m以下の階には、火災時に消防隊が外部から進入できる非常用の進入口を設置しなければならない。 ※非常用の昇降機を設置している場合等は、設置不要である。

 共同住宅の住戸の床面積の合計が100㎡を超える階では、両側に居室がある場合には、1.2m以上の廊下の幅が必要とされる。　　　　　（H29−28）

答　共同住宅の住戸の床面積の合計が100㎡を超える階では、両側に居室がある場合には、「1.6m」以上の廊下の幅が必要である。　　　　×

合格る■
チェック
シート 29

建物の構造

前フォーカス

　木造・軽量鉄骨造・鉄筋コンクリート造・鉄筋鉄骨コンクリート造のメリット・デメリットを整理しておこう。

1．構造形式による分類

ラーメン構造	①柱・梁を一体化した骨組構造 ②各節点において部材が剛に接合して建物の骨組みを構成し、荷重や外力に対応する構造形式 ※鉄筋コンクリート造の建物に数多く用いられている。
壁式構造	①柱・梁を設けず、壁体や床板など平面的な構造体のみで構成 ②箱状の構造体を構成し、荷重や外力に対応する構造形式

2．材料・工法による分類

（1）木造・軽量鉄骨造　今年のヤマ

工法	内容	メリット	デメリット
木造在来工法 （木造軸組工法）	太い断面の部材を使用した土台・柱・梁などの軸組（骨組み）で主要構造を構成する工法	①建物重量が軽く、施工しやすい。 ②設計に自由度あり	防火・耐火性能に劣る。
木造ツーバイフォー工法 （枠組壁工法）	主要部材の基準断面が2×4インチの枠組に構造用合板を張った壁・床によって構成された壁式構造の工法	構造安全耐力・居住性能（断熱・保温）に優れる。	気密性が高く、湿気がたまりやすい。
プレハブ工法	構成部材を工場製作し、現場では部材の組立だけを行う工法	①現場管理費が安い ②工期短縮、省力化、品質向上に優れる。	規格化された部材を組み合わせるため設計の自由度が低い。
ＣＬＴ工法	木質系工法で、繊維方向が直交するように板を交互に張り合わせたパネルで壁・床・天井を構成する工法	耐震性・断熱性・遮炎性に優れる。	①価格が高い。 ②雨水の浸入を防げないので、外部面に別途仕上げが必要

（2）鉄筋コンクリート造・鉄骨鉄筋コンクリート造・鉄骨造 今年のヤマ

工法	内容	メリット	デメリット
鉄筋コンクリート造（RC造）	「圧縮には弱いが引っ張りには強い性質をもつ鉄筋」と、「圧縮には強いが引っ張りには弱い性質をもつコンクリート」の2つの材料の短所を補いあった構造	①耐火・耐久性に富む。②剛性が高いので常時において、揺れは少ない。③設計に自由度あり。	①重量が重いため地震による影響が大②地盤改良や杭基礎が必要となる。③工期が長い。④現場でコンクリートを打ち込むため、乾燥収縮によるひび割れが発生しやすい。⑤解体がしにくい。⑥工事費が高い。
壁式鉄筋コンクリート造	①ラーメン構造と異なり、柱が存在しない形式②耐力壁が水平力と鉛直荷重を支える構造③特に低層集合住宅で使われている。	①RC造と同じ②柱型や梁型が出ず、空間を有効に使える。	①RC造と同じ②階数、高さ等、単位面積当たりの必要壁量や厚さが法令で規定されている。
鉄骨鉄筋コンクリート造（SRC造）	鉄骨を取り巻くように鉄筋を配置し型枠で囲み、コンクリートを流し込んで一体化した構造	①耐震性に優れる②S造より振動が少なく、遮音性が高い。	①RC造に比べ、工期は長く、工事費は高く、解体がしにくい。②施工難易度が高い。
鉄骨造（S造）	柱・梁などの構造体に鉄骨を使用する構造	①高層建築・大スパン構造が容易②鋼材の加工性が良く、工期が短く、省力化が可能	①風、地震等の揺れの影響を受けやすい。②耐火被覆・防錆対策が必要③歩行振動等常時の揺れ対策に配慮が必要④外壁の目地のメンテナンスが必要

この過去問に注意

鉄骨鉄筋コンクリート造は、鉄筋コンクリート造より施工がしやすく、工期も短い。　　　　　　　　　　　　　　　　　　　　　　　　（H28－38）

答　鉄骨鉄筋コンクリート造は、耐火・耐久性に富み、耐震性に優れるが、鉄筋コンクリート造より施工の難易度が高いため、工期も長くなる。×

建物の耐震等

直前フォーカス

　　耐震改修促進法と免震構造、制振（制震）構造の特徴を押さえておこう。今年は耐震改修の方法も要注意だ。

1．耐震改修促進法

目　的	地震に対する安全性の確保のため、**建築物の耐震改修を促進**すること
指導・助言等	**所管行政庁**は、**特定既存耐震不適格建築物**（建築基準法の耐震規定に適合しない建築物）の**耐震診断・耐震改修**の適格な実施を確保するため必要があれば、所有者に対し、**必要な指導・助言**ができる。
耐震診断の義務	一部の建物（要安全確認計画記載建築物）については、一定の期限までに耐震診断を実施し、その結果を所轄行政庁に報告しなければならない。
耐震改修の努力義務	賃貸住宅（共同住宅に限る）のうち３階以上、かつ、**床面積1,000㎡**以上の特定既存耐震不適格建築物は、耐震診断を行い、診断の結果、地震に対する安全性の向上を図る必要があると認められるときは、**耐震改修を行うよう努めなければならない**（**努力義務**）。

2．耐震性による分類　今年のヤマ

免震構造	①建物に地震力が伝わりにくくするように基礎と建物本体の間に**クッション**（**免震ゴム＋ダンパー**）を設け、**地震の揺れをゆったりした揺れに変える構造形式** ②**大地震であっても30～50％に振動を低減** ③建物の耐震性が高まるだけでなく、**家具の転倒や非構造部材の破壊が少なくなる**等の長所がある。 ④**免震装置部分は定期的な点検と管理が必要**
制振（制振）構造	①建物に伝わった地震等による揺れを建物の骨組み等に設置した**制振部材**（**ダンパー**）等により吸収することにより、振動を低減、制御する構造形式 ②**大地震であっても70～80％に振動を低減** ③免震構造に比べ工事費も安く、新築だけではなく**改修にも向いている**。 ④**塔状の建物**では、**風揺れ対策の効果**も期待できる。

３．耐震改修の方法　今年のヤマ

木造（軽量鉄骨造）	①**基礎と土台、柱と梁**を金物で緊結して補強 ②**既存壁**を構造パネル等で補強 ③**開口部**を筋かい等で補強 ④地震力を吸収する制震装置（**ダンパー**）の取り付け
鉄筋コンクリート造	①**鉄筋コンクリート造の耐震壁や筋かい（鉄骨ブレース）**を増設 ②柱の**鋼板巻き・炭素繊維シート巻き**による補強 ③建物の**外側の架構**に新たな補強フレームの増設

４．応急危険度判定・被災度区分判定等

応急危険度判定	①地震により被災した建物及びその周辺について、**余震等による倒壊の危険性**・建物の部分等（**非構造部材**）の落下・附属設備の転倒が**人命に及ぼす危険性（危険度）**を速やかに調査し、**建物等の使用に対する制限の要否**を判定 ②**外観調査**に重点をおいた地震直後の短時間での調査によって**応急的な危険度**の判定 ③都道府県知事等が認定した**建築技術者（防災ボランティア等）**が地方公共団体の要請により行うことが一般的 ④危険度を「危険（**赤色**）」「要注意（**黄色**）」「調査済（**緑色**）」のステッカーで表示
被災度区分判定	①**継続使用のための復旧の要否**を判定 ②応急危険度判定ののちに地震により被災した建築物の**内部に立ち入り**、建物の沈下・傾斜・構造躯体等の損傷状況を調査 ③被災の程度を「軽微」「小破」「中破」「大破」に区分
罹（り）災証明	保険の請求や税の減免等、被災者が各種支援を受ける際等に必要な「**家屋の財産的被害程度（全壊・半壊等）**」を市町村長（東京都特別区においては区長）が証明するもの

制振構造は、基礎と建物本体との間にクッションを設け、地震による揺れを低減させる構造である。　　　　　　　　　　　　　　（H27－38）

答　　　　「**免震構造**」に関する記述である。制震（振）構造は、免震構造のように地震による揺れを低減させるのではなく、建物に伝わった地震等による揺れをダンパー等により吸収することにより振動を抑えることができる構造である。　　　　　　　　　　　　　　　　　　　　　　×

合格る チェック シート 31

建物の保全・維持管理①

直前フォーカス

「定期報告」は実施者と報告時期を確認しよう。最近は建物の劣化症状やメンテナンスに関しても出題されているので、基本事項を押さえておこう。

1. 予防保全と事後保全 ❶

予防保全	建物の保全・維持管理を問題が起きてから行うのではなく、問題が起きないよう、あらかじめ適切な処置（設備の部品等を故障前に交換する等）を施しておくこと
事後保全	事故や不具合が生じてから、修繕を行うこと

コメント❶ 予防保全・事後保全では、法定耐用年数にとらわれることなく、必要に応じて、設備の交換・保守・修繕することが必要である。

2. 定期報告（集合賃貸住宅は、定期調査・検査報告の対象である） 今年のヤマ

	特定建築物の定期調査	防火設備の定期検査	建築設備の定期検査	昇降機等の定期検査
実施者	一級建築士・二級建築士			
	特定建築物調査員	防火設備検査員	建築設備検査員	昇降機等検査員
報告時期	6か月～3年に1回（特定行政庁が定める）	6か月～1年に1回（特定行政庁が定める）		
報告先	特定行政庁			
対象等	【主な調査対象】敷地・構造・建築設備（防火・避難）	防火戸・防火シャッター等	①換気設備②排煙設備③非常用照明装置④給排水設備	エレベーター等
報告者	所有者（所有者と管理者が異なる場合は管理者）❷			

コメント❷ 建築物の所有者、管理者又は占有者は、その建築物の敷地・構造・建築設備を常時適法な状態に維持するように努めなければならない。

解ける覚え方 建築士（一級・二級）は調査・検査（防火設備・建築設備・昇降機等）のすべてを実施できる。

3. 漏水 ❸ 今年のヤマ

雨水の漏水	①最上階では、屋上・屋根・庇からの漏水が多い。 ②中間階では、外壁・出窓・ベランダからの漏水が多い。 ③外壁が**タイル張り**の場合、タイルの剥がれ・クラック・コーキングの劣化に起因する漏水が多い。 ④出窓では、**出窓の屋根と外壁との取り合い箇所やサッシ周り**からの漏水が多い。 ⑤ベランダでは、簡易なウレタンの塗膜防水が多いので、**表面の破損**で漏水が発生する。 ⑥レンジフード・浴室・トイレの換気扇の排気口からの雨水の浸入による漏水もある。
雨水以外の漏水	①給水管の保温不足による**結露**を原因とするものがある。 ②給水管からの漏水かを調べる場合は、水栓をすべて閉め、**給水メーターの動きを見る**ことで判断できる。 ③配管からの漏水の場合、パイプシャフト内の室内に露出している部分に漏水箇所が発見できなければ、**床下やスラブの埋設配管、壁の内側の配管からの漏水を調査するために壁等を壊す必要があり、入居者に対する影響は避けられない。**

コメント ❸

①雨水漏水の発生源を特定することは、**困難な場合が多い**。
②マンションなどでは、**上の階が漏水の発生源であることが多い**が、漏水が給水管からの場合、上階の部屋の給水を止めて発生箇所を特定することが必要となる。
③漏水している水が**雨水**なのか、給水管や排水管からの漏水（上水・雑排水・汚水）かを特定することは、**原因調査において重要**である。

4. 屋根メンテナンス

屋根	傾斜屋根（カラーベスト等）	①屋根表面にコケ・カビ等の発生、塗膜の劣化による色あせ・錆などによる美観の低下、**表面温度の上昇・低下**などを繰り返すことで屋根材の割れ・漏水などが発生する場合がある。 ②おおむね、10年前後で**表面塗装を実施**
	折板等の金属屋根	①錆の発生やボルトキャップの**劣化**などを点検する。 ②錆を放置すると腐食を起こし、穴が開くなどして雨漏りの原因になる。
陸屋根（ろくやね）		風で運ばれた**土砂**が堆積したり、落ち葉やゴミが樋や排水口（ルーフドレーン）を塞ぐと、屋上の防水面を破損し、漏水の原因になる。
ルーフバルコニー		防水面の膨れや亀裂、立ち上がりのシーリングの劣化などを点検

 建築基準法第12条により特定建築物において義務付けられる定期調査・検査報告は、建物の構造を対象とするものであり、敷地は対象とならない。（R3-15）

答 特定建築物において義務付けられる定期調査報告は、「敷地・構造・防火・避難」の4項目を調査対象としている。　　　×

合格る■チェック■シート32 **建物の保全・維持管理②**

直前フォーカス

計画修繕の実施や修繕履歴情報の管理も管理業者の重要な業務であり、今後も出題される可能性が高い。「長期修繕計画の提案」についても押さえておこう。

1．外壁のメンテナンス

(1)**外壁タイルやモルタル塗りでは、下地のコンクリートや下地のモルタルとの付着力が低下すれば剥落事故につながる。**❶

(2)**コンクリート打ち放しでは、コンクリート自体の塩害・中性化・凍害・鉄筋発錆に伴う爆裂等を点検する必要**がある。

 ❶

①**タイル張り外壁**は、劣化等によりタイルが剥離するおそれがあるので、原則として、竣工後10年ごとに**全面打診や赤外線調査**による調査を行わなければならない。

②**外壁の劣化現象**は、外壁の**直接目視**、**外壁周辺のタイル**などの落下物の有無等によって確認できる。

2．外壁の劣化現象 今年のヤマ

劣化現象	内容・注意点
白華現象（はっか）	エフロレッセンスともいう。モルタルやコンクリート中に含まれる石灰分が水に溶けて外壁表面に流れ出し、白く結晶化する現象。内部に雨水等が浸入することにより発生し、**目視によって確認**できる。
ポップアウト	内部の部分的な膨張圧によって、コンクリート表面の小部分が円錐形のくぼみ状に破壊される現象
チョーキング	外壁面の塗膜及びシーリング材の劣化により表面が粉末状になる現象。手で外壁などの塗装表面を擦ると**白く粉が付着**することによって確認できる。

3．計画修繕 今年のヤマ

必要性	①**修繕時期や内容を予想した修繕計画の作成、貸主に対する資金面も含めた準備の要請**は、管理業者の重要な業務である。 ②**中・長期的**には、修繕計画の的確な修繕の実施により、賃貸経営の収支上プラスに結びつく。
計画修繕の実施	①実施の際に、計画された修繕部位を点検・調査したうえで、**全体状況を把握**することが重要である。 ②複数の施工会社の工事見積を相互比較し、価格以外の実績や技術力を総合的に判断して、**最適な施工会社を選択**する。

	③**修繕工事**は、日常生活のなかで行われるため、騒音や振動、ゴミやホコリの発生で借主に迷惑を及ぼす**という問題**もある。 ④**住環境の性能**が維持でき、**入居率や家賃水準の確保**につながり、賃貸不動産の安定的経営を実現できる。
長期修繕計画の提案	①計画修繕を着実に実施していくためには、資金的な裏付けが必要となるので、**長期修繕計画を策定**して、修繕管理の費用を賃貸不動産経営の中に見込まなければならない。 ②長期修繕計画によって修繕費とその支払時期が**明確**になる。 ③**長期修繕計画**の期間は、一般的に30年間程度とされている。 ④数年に1度は見直しを行い、**適切な実施時期を確定すること**が必要である。

4．修繕履歴情報の管理

	①**修繕履歴情報**は、次の修繕を企画する上で重要な情報となる。 ②計画管理を適切に行うことができるため、**建物の維持保全にかかる費**用の無駄を省くことができる。 ③建物が長期にわたり**必要な機能を維持**し、**収益性を保持**するためには、日常の点検管理と計画的な修繕が必要不可欠である。 ④建物の状態は外観だけでは判明しない事項も少なくないため、見えない部分も含めて修繕の必要性を判断し、**効果的な修繕計画を立案**することが求められる。 ⑤賃貸不動産については、退去時の敷金精算等も視野に入れ、賃貸時の**原状等**について、**客観的なデータを修繕履歴情報として保存しておく**ことが重要である。 ⑥履歴情報が、**賃貸借の意思決定時に適切に提供**され、**透明性が高まる**ことで、**入居後のトラブル防止**にもつながり、安心して貸借することが可能となる。
必要性	
蓄積・利用のメリット	①新築時とその後の維持管理の履歴情報の蓄積と利用は、正確な情報に基づく**適切な維持管理や合理的なリフォーム**を実現し、必要なメンテナンスを無駄なく行うことにつながる。 ②正確な情報の利用により**災害発生時の復旧への迅速かつ適切な対応**が可能となる。
保管者	**修繕履歴情報の蓄積と利用の実効性を確保**するため所有者から管理委託を受けている管理業者が保管し、必要に応じて利用する。 ※ただし、**建物所有者に帰属**するものである。

計画修繕を実施していくためには、長期修繕計画を策定する必要があるが、修繕管理の費用を賃貸不動産経営の中に見込む必要はない。　　　　（H30-39）

答　修繕管理に要する費用は、賃貸経営の収支に影響を与える要素であるから賃貸不動産経営の中に見込んでおく必要がある。　　　　×

合格るチェックシート33 給水設備・給湯設備

直前フォーカス

「給水設備・給湯設備」はH29年・R1・2・3・4・5年に出題されている。

各給水方式の特徴を整理しておこう。給水方式と給水の配管・給湯方式の現在の主流である「さや管ヘッダー方式」は要注意だ。

1. 給水設備

（1）給水方式 💡今年のヤマ

直結方式	**水道直結直圧方式**
	①水道本管から分岐された給水管から**直接各住戸へ給水**する方式
	②**受水槽やポンプを使用しない**方式
	③**小規模で低層の建物**が対象
	水道直結増圧方式（増圧直結方式）
	①水道本管から引き込んだ上水を増圧給水ポンプで**各住戸へ直接給水する方式**
	②**中規模までのマンションやビル**が対象
	③**定期的な**ポンプの検査が必要
受水槽方式	**高置水槽方式（重力方式）** ❶
	①水道本管から引き込んだ上水をいったん受水槽に蓄え、揚水ポンプによって**屋上に設置された高置水槽に送水**し、重力により各住戸へ給水する方式
	②受水槽と高置水槽を利用するので、**断水時や停電時でも一定時間給水が可能**

コメント ❶ 簡易専用水道（受水槽の容量が10㎥超）の設置者は、毎年1回以上、地方公共団体の機関又は国土交通大臣又は国土交通大臣の登録を受けた機関に依頼して、**簡易専用水道の管理について検査を受けなければならない**（検査結果を速やかに**保健所に報告**）。

（2）給水設備等

配管材料	錆による赤水や腐食障害を防止のため、**各種の樹脂ライニング鋼管・ステンレス鋼鋼管・銅管・合成樹脂管**などを使用
水圧	**給水圧力が高い場合**、給水管内の水流を急に締め切ったときに、水の慣性で管内に衝撃と高水圧が発生する**ウォーターハンマー現象**が発生し、**器具の破損**を引き起こし、**漏水の原因**にもなる。

飲料水の汚染原因	①クロスコネクション（飲料水の給水系統の配管が排水管等の系統の配管と直接接続されていること） ②逆サイホン作用（給水配管内が負圧になった際に、一度吐水した水が給水配管に吸い込まれる現象）

（3）室内の配管方式  今年のヤマ

先分岐方式	室内に引き込んだ給水管を分岐して、**各給水箇所に給水**する方式
	①給水管から配管を各室に分岐するため、**配管の継ぎ目が多い。** ②**2箇所以上で同時に水を使った際、水圧が落ちる**可能性がある。
さや管ヘッダー方式	洗面所等の水回り部に設置されたヘッダーから管をタコ足状に分配し、各水栓等の器具に単独接続する方式
	①さや管と呼ばれる「さや」となるチューブを設置し、その中に**樹脂製の内管**（架橋ポリエチレン管又はポリブデン管）を挿入する。 ②**同時に2か所以上で水を使用しても水量や水圧の変動が少ない。** ③**給湯にも採用**され、現在の給水・給湯配管方式として広く普及

2．給湯設備 ❷
（1）給湯方式

飲用給湯方式	貯湯式給湯器を必要な箇所に個別に設置する方式
局所給湯方式	①給湯系統ごとに加熱装置を設けて給湯し、近接した給湯器具に返湯管を設けない一管式配管で給湯する方式 ②各住戸や各室ごとに給湯器を設置し、台所流し・風呂場・洗面所などに配管で給湯する。
中央（セントラル）給湯方式	①建物の屋上や地下の**機械室**に熱源機器（ボイラー等）と貯湯タンクを設け、建物各所へ配管して給湯する方式 ②ホテルや商業ビルなど大きな建物で採用

 ガス給湯器に表示される号数は、1分間に**現状の水温＋25℃**のお湯をどれだけの量（リットル）を出すことができるかを表した数値である。

（2）給湯機器

家庭用燃料電池（エネファーム）	電気と同時に発生する熱を回収し、給湯に利用する**発電効率の高いクリーンなシステム**
ヒートポンプ給湯機（エコキュート）	ヒートポンプの原理を利用し、大気から集めた熱で湯を沸かす機器（**エネルギー効率が高く、少ない電気量で湯を沸かせる**）

 さや管ヘッダー方式は、洗面所等の水回り部に設置されたヘッダーから管をタコ足状に分配し、各水栓等の器具に単独接続する方式である。　　　（R2－40）

答　「さや管ヘッダー方式」に関する正しい記述である。　　　　　○

合格る■チェックシート34

排水・通気設備等・換気設備・電気設備

直前フォーカス

　「排水・通気設備等」はR1・4・5年、「換気設備」はH27・H28・H29年・R1・3・5年、「電気設備」はH27・30年・R2・4年に出題されている。

　「排水・通気設備等」は今年も要注意。「電気設備」は基本事項を、「換気設備」は自然換気と機械換気の特徴、機械換気の第1～3種の違いを押さえておこう。

1. 排水・通気設備等 　今年のヤマ

排水の分類	①汚水（トイレからの排水） ②雑排水（台所・浴室・洗面所・洗濯機等からの排水） ③雨水	
排水方法	高所から低所に配管の勾配を利用して**自然流下させる方法**（重力式） ※排水ポンプを使用する**機械式排水**もある（定期的な点検や清掃が必要）。	
配管材料	硬質ポリ塩化ビニル管・耐火二層管・配管用炭素鋼鋼管・鋳鉄管等	
トラップ	①**封水**により、**臭気や害虫**が室内に侵入することを**防止する**設備 ②封水深は、**50mm以上100mm以下** 　※浅いと**破封**（封水がなくなる）しやすく、深いと自浄作用がなくなる。 ③**二重トラップ**（2つ以上のトラップを直列に設置）は**禁止**	
通気管	伸頂通気方式	①排水立て管の先端（頂部）を延長した伸頂通気管を屋上又は最上階の外壁等の部分で**大気に開口する方式** ②「**単管式**」ともいう。
	通気立て管方式	①排水立て管に、最下層よりも低い位置で接続して通気管を立ち上げ、最上の伸頂通気管に接続するか、単独で直接大気に開口する方式 ②「**2管式**」ともいう。
特殊継手 排水方式	①伸頂通気方式を改良したものが多く、**各階排水横枝管接続用の排水管継手が特殊な形状をしたもの**（特殊継手）である。 ②排水横枝管の接続器具数が比較的少ない集合住宅や、ホテルの客室系統に多く採用されている。	
浄化槽	微生物によって分解された汚物等が汚泥となって、浄化槽の底部に堆積する。	

設置後等の水質検査	使用開始後3か月を経過した日から5か月の間
定期検査	毎年1回
報告	結果は、いずれも**都道府県知事へ報告**

2. 換気設備

（1）換気方式 今年のヤマ

自然換気	室内と室外の温度差による**対流**や**風圧**等、**自然の条件を利用**した方式 ※換気扇や送風機等が**不要**なので、騒音もなく、経済的ではあるが、自然条件が相手なので**安定した換気量**や**換気圧力**は期待できない。

機械換気	換気扇や送風機等の**機械**を利用して、**強制的に換気**する方式 ※自然換気に比べ、**必要なときに安定した換気**ができるが、電気をエネルギー源とするので費用がかかる。

（2）機械換気設備 今年のヤマ

第1種機械換気	**給気機　＋　排気機**（給気・排気とも機械換気） ※居室に用いられる**熱交換型換気設備**（セントラル空調方式の住宅）・**機械室・電気室等**に採用
第2種機械換気	**給気機　＋　排気口**（給気のみ機械換気） ※室内へ清浄な空気を供給する場合（室内は「**正圧**」）で、製造工場など限られた建物で採用
第3種機械換気	**給気口　＋　排気機**（排気のみ機械換気） ※室内は「**負圧**」になるため、他の部屋へ汚染空気が入らないが、給気の取入れが十分でないと室内外の差圧が増大することにより**ドアや窓の開閉が困難**になったり、**風切り音が発生**する等の障害が発生する。 ※住宅において**採用する**ことが多い（台所、浴室、便所等）。

3．電気設備

（1）引込みの種類

電圧の種類	契約電力	受電電圧	電気室等
低圧	50kW未満	標準電圧　100V／200V	不要
高圧	50kW以上2,000kW未満	標準電圧　6,000V	必要
特別高圧	2,000kW以上	2万V・6万V又は14万V	

（2）各住戸の配線方式 今年のヤマ

単相2線式	電圧線と中性線の**2本**を使い、**100V**の電器製品（コンセント・照明器具・冷蔵庫等）のみ使用可能
単相3線式	**3本**の電線のうち、**中性線と2本の電圧線**を使い分け、**100V**の電器製品と**200V**の電器製品（大型暖冷房機、IHクッキングヒーター等）が使用可能

（3）機器

ELB	漏電遮断器（漏電ブレーカー）のことで、電気配線や電気製品のいたみや故障により、電気が漏れているのを素早く察知して回路を遮断し、**感電や火災を防ぐ**器具
感震ブレーカー	地震発生時に設定値以上の揺れを検知したときに、ブレーカーやコンセントなどの電気を自動的に止める器具 ※感震ブレーカーを設置することで、**不在時やブレーカーを切って避難する余裕がない場合に電気火災を防止**することができる。

....

第3種機械換気は、室内が負圧になるため、他の部屋へ汚染空気が入らない方式である。　　　　　　　　　　　　　　　　　　　　　　　　　（H28－39）

> 答　「第3種機械換気」は排気ファンのみを用いる。室内が負圧（外部より気圧が低い状態）になり、他の部屋へ汚染空気が流れ込まない方式。
>
> ○

5日目

建物・設備の知識

合格る■
チェック
シート
35

ガス設備・エレベーター設備

直前フォーカス

「ガス設備」はH30年・R4年、「エレベーター設備」はH28年に出題されている。「エレベーター設備」の駆動方式は主流であるロープ式を押さえておこう。2つの保守契約の特徴も確認しておこう。

1．ガス設備

（1）ガスの種類

種類	特徴
都市ガス	①地域等により熱量や原料が異なる。 ②空気より軽い。
LPガス （プロパンガス）	①空気より重い。 ②都市ガスの2倍以上の火力エネルギーがある。

（2）設備

ガス管	①屋外埋設管➡ ポリエチレン管・ポリエチレン被覆鋼管等 ②屋内配管➡ 塩化ビニル被覆鋼管等
ガスメーター （マイコンメーター）	ガスの使用量を計量する機能だけではなく、**ガスの異常放出・地震等の異常を検知**して、**自動的にガスの供給を遮断する機能**がある。❶
ガス警報器	**ガス漏れを感知**して鳴動するよう壁等に設置 ❷

コメント❶ 家庭用のガスメーターは**10年以内**に1回、業務用ガスメーターは**7年以内**に1回、取替えが必要である。

コメント❷ ガス警報器の取付けは、**都市ガス用**は天井面の**下方30cm以内**、**プロパンガス用**は床面の**上方30cm以内**の壁等に設置する。

（3）開栓手続

ガスの使用には、住戸ごとに**利用者（管理業者ではない）の立会い**のもとガス会社による**開栓作業が必要**

2．エレベーター設備
（1）エレベーターの種類（駆動方式）

ロープ式	屋上等に機械室（マシンルーム）を設け、ロープを巻き上げ下げして、上下運行させる方式 ※ビルやマンションでは主にこのロープ式のエレベーターが採用
油圧式	油圧シリンダー内のプランジャー（可動する部分）に人が乗るかごを直結し、機械室の**油圧パワーユニット**からシリンダーに油を送ることで**昇降**させる方式 ※主に低層用のエレベーターとして用いられる。

（2）保守契約の種類

	フルメンテナンス（FM）契約	POG契約
内容	消耗品、部品取替えや機器の修理を状況にあわせて行う契約	①消耗部品付契約のこと ②契約費用に定期点検や消耗品の交換は含まれるが、それ以外の部品の取替え、修理は別料金
メリット	年度予算の立案・管理が容易	①月々の保守料金が安く設定 ②点検作業はFM契約と同じ作業 ③発注側のコスト意識が高まる。
デメリット	①保守料金が割高に設定 ②乗降扉、三方枠の塗装、かご内の床・壁・天井の修理、新しい機能による改造等は別途料金が発生 ③天災や故意による損壊等の修理費は保守料金には含まれない。	①費用見積りと確認に時間がかかり、迅速性に欠ける。 ②経年劣化により費用が増加

エレベーターの保守契約におけるPOG契約（パーツ・オイル＆グリース契約）は、契約範囲外の部品の取替えや機器の修理は別料金となるので、経年劣化により費用が増加することはない。　　　　　　　　　　（H28-32）

答　POG契約は、契約範囲外の部品の取替えや機器の修理は別料金となるので経年劣化により契約範囲外の部品の取替えや機器の修理が増加し費用も増加することがある。　　　　　　　　　　　　　×

合格る■
チェック
シート **36**

消防用設備等

直前フォーカス

「消防用設備等」はH27・H28・H29・H30年・R5年に出題されている。
　共同住宅における防火管理者の選任の基準、点検の種類と報告の時期、消防用
設備の概要を押さえておこう。

1．防火管理者の選任区分　今年のヤマ

防火対象物の種別	収容人員	延べ面積	防火管理者
非特定防火対象物 （共同住宅等）	50人以上	500㎡以上	甲種防火管理者
		500㎡未満	甲種又は乙種防火管理者
	50人未満	選任不要	

2．防火管理者の業務

①消防計画の作成
②消防計画に基づく**消火・通報・避難訓練の実施**
③**消防用設備等の点検・整備**
④火気の使用・取扱いに関する監督
⑤避難・防火上必要な構造・設備の維持管理
⑥収容人員の管理
⑦その他防火管理上必要な業務

3．消防用設備等の点検及び報告　今年のヤマ

機器点検	作動点検・外観点検・機能点検が統合されたもので、消防用設備等の種類に応じて確認する点検（6か月に1回）	
総合点検	消防用設備等の一部又は全部を作動させて、総合的な機能を確認する点検（1年に1回）	
報告	防火対象物の関係者は、点検を行った結果を維持台帳に記録し、**消防長又は消防署長に報告**しなければならない	
	特定防火対象物	1年に1回
	非特定防火対象物（共同住宅等）	3年に1回

4．消防用設備等の分類

		①消火器・簡易消火器具 【消火器で対応する火災の種類】

火災の種類	燃焼物質
A火災（普通火災）	木材、紙、繊維等
B火災（油火災）	石油類その他の可燃性液体、油脂類等
C火災（電気火災）	電気設備・電気機器等

②屋内消火栓設備　③スプリンクラー設備　④泡消火設備
⑤水噴霧消火設備・不活性ガス消火設備・ハロゲン化物消火設備等
⑥屋外消火栓設備　⑦動力消防ポンプ設備

①自動火災報知設備
【熱感知器】

定温式スポット型	①火災の熱で一定の温度以上になると作動 ②作動する温度は75℃や65℃に設定されたものが多い。
差動式スポット型	①周囲の温度の上昇率が一定の率以上になったときに作動 ②食堂や駐車場等、煙や排気ガスが多量に流入する場所に設置

【煙感知器】

イオン式スポット型	機器の中のイオン電流が煙によって遮断されると作動
光電式スポット型	煙の微粒子による光の反射を利用して作動

②ガス漏れ火災警報設備　③漏電火災警報器
④消防機関に通報する火災報知設備　⑤非常警報器具・設備

避難設備
①避難器具（すべり台・避難はしご・救助袋・緩降機等）
②誘導灯・誘導標識

消防用水　防火水槽、貯水池、その他の用水

消火活動上必要な施設
①排煙設備　②連結散水設備　③連結送水管
④非常コンセント設備　⑤無線通信補助設備

左側縦：消防の用に供する設備／消火設備／警報設備

この過去問に注意

共同住宅は、賃貸物件であっても、収容人員が50人以上の場合は防火管理者を定め、防火管理を行う必要がある。　　　　（H29-31）

答　「防火管理者」の選任基準として正しい記述である。　　　○

合格る
チェック
シート
37 賃貸住宅標準管理受託契約書

直前フォーカス

「賃貸住宅標準管理受託契約書」は管理受託方式における管理受託契約書のひな型である。契約時に使用が義務づけられているわけではなく、実際の契約書作成にあたっては、個々の状況や必要性に応じて内容の加除、修正を行い活用されるものである点も注意。

賃貸住宅標準管理受託契約書の主な規定  今年のヤマ

管理業務	①点検・清掃等　②修繕等　③家賃等の徴収等　④その他（維持保全と併せて行う入居者管理事務等）
更新（3条）	①更新をしようとするときは、**契約期間満了日までに、相手方に対し、文書で申し出る。** ②更新後の契約の内容について合意がなされなかったときは、**従前の契約と同一内容で更新**されたものとみなされる。
家賃等・敷金等の引渡し（7条）	管理業者は、入居者から代理受領した敷金等を速やかに、**徴収した当月分の家賃等**を定めた期日までに、**オーナーに引き渡さなければ**ならない。
財産の分別管理（10条）	管理業者は、**受領した家賃、敷金、共益費等**について、自己の固有財産・他のオーナーの財産と分別して管理しなければならない。
緊急時の業務（11条）	管理業者は、**災害又は事故等**により、緊急に行う必要がある業務で、オーナーの承認を受ける時間的な余裕がないものは、**承認を受けないで実施できる。**この場合、管理業者は、速やかに書面で、**業務の内容・費用の額をオーナーに通知**しなければならない。
鍵の管理・保管（12条）	①鍵の管理（保管・設置、交換及び費用負担含む）に関する事項は**オーナー**が行う。 ②**管理業者**は、入居者への鍵の引渡し時・入居者との解約、明け渡し業務に付随して鍵を一時的に預かることができる。
第三者への再委託（13条）	管理業者は、**管理業務を、一括して他の者に委託してはならない。**
代理権の授与（14条）	①管理業者は、次の業務について、**オーナーを代理する。** ②エ）～カ）の業務の実施についてはオーナーと協議し、承諾を求めなければならない。 **ア）敷金等、家賃、共益費（管理費）・附属施設使用料の徴収　イ）未収金の督促　ウ）入居者からオーナーへの通知の受領　エ）賃貸借契約の更新　オ）修繕の費用負担についての入居者との協議　カ）賃貸借契約の終了に伴う原状回復についての入居者との協議**

管理業務に関する報告等（15条）	①管理業者は、オーナーと合意に基づき定めた期日・頻度に基づき定期に、**管理業務に関する報告**をする。 ②必要があると認めるときも、管理業者に対し、**管理業務の実施状況に関して報告**を求めることができる。 ③報告を受ける際、管理業者に対し、管理業務の実施状況に係る関係書類の提示を求めることができる。
管理業務の情報提供等（16条）	①**オーナーは、管理業者が管理業務を行うために必要な情報を提供**しなければならない。 ②オーナーは、住宅総合保険、施設所有者賠償責任保険等の損害保険の加入状況を**管理業者に通知**しなければならない。
住戸への立入調査（17条）	管理業者は、あらかじめ**入居者に通知**し、その承諾を得て、管理業務を行うため必要があるときは、住戸に立ち入ることができる。 ※**防災等の緊急**を要するときは、**通知・承諾の必要はない。**
契約の解除（20条）	①オーナー又は管理業者が契約に定める義務の履行をしない場合、相手方は、相当の期間を定めて履行を催告し、その期間内に履行がないときは、**契約を解除**できる。 ②オーナー又は管理業者の一方について、次のいずれかに該当した場合、その相手方は、催告不要で**契約を解除**できる。 　ア）反社会的勢力ではないという確約に反する事実が判明 　イ）契約締結後に自ら又は役員が反社会的勢力に該当 　ウ）相手方に信頼関係を破壊する特段の事情があった
解約の申し入れ（「○か月」は契約時に定める）（21条）	①オーナー又は管理業者は、少なくとも○か月前に文書で解約の申入れを行うことで**契約を終了**させることができる。 ②オーナーは、○か月分の**管理報酬相当額**を管理業者に支払うことで随時、**契約を終了**させることができる。
契約終了時の処理（22条）	契約が終了したときは、管理業者は、**オーナーに対し、物件に関する書類・管理業者が保管する金員を引き渡す**とともに、**家賃等の滞納状況を報告**しなければならない。
入居者への対応（23条）	①管理業者は、**管理受託契約を締結**したときは、入居者に対し、遅滞なく、**管理業務の内容・実施方法、管理業者の連絡先を記載**した書面又は電磁的方法により通知する。 ②**契約が終了**したときは、オーナー・管理業者は、入居者に対し、遅滞なく、**管理業務が終了**したことを通知しなければならない。

この過去問に注意

賃貸住宅標準管理受託契約書によれば、管理業者は、委託者である建物所有者に対し、契約で定める予告期間をもって文書で申し入れることにより、管理受託契約を解約することができる。　　　　　　　　　　　　（H28-9改題）

答　「少なくとも○か月前に文書で解約の申入れを行うことで契約を終了させることができる」とされている。「○か月」は契約で定める。　　○

合格る■
チェック
シート
38

特定賃貸借標準契約書

🔍 **直**前フォーカス

「特定賃貸借標準書」はサブリース方式におけるマスターリース契約書のひな型である。マスターリース契約特有の内容を確認しておこう。

特定賃貸借標準契約書の主な規定　💡**今年のヤマ**

契約期間（2条）	貸主（オーナー）又は借主（サブリース業者）は、契約の更新を希望しない場合には、契約期間の満了の1年前から6か月前までの間に相手方に**更新拒絶通知**をする。 ※**オーナーによる更新拒絶通知**は、借地借家法に規定する正当事由が必要
引渡し（3条）	①オーナーは、サブリース業者が**物件の適切な維持保全を行うために必要な情報を提供**しなければならない。 ②オーナーが、**情報を提供せず**、そのために生じたサブリース業者の損害は、オーナーが負担する。
家賃支払義務発生日 （6条）	①サブリース業者は、支払い免責期間は**家賃支払い義務を負わない**。 ②サブリース業者は、家賃支払義務発生日から**家賃を支払わなければならない**。 ※物件の引渡日と家賃支払義務発生日を別々に定めることができる。
反社会的勢力の排除 （8条）	サブリース業者は、オーナーの承諾の有無にかかわらず、本物件の全部、又は**一部**につき、**反社会的勢力に賃借権を譲渡してはならない**。
転貸の条件等（9条） ❶	①オーナーは、転貸の条件に従いサブリース業者が**物件を転貸することを承諾**する。 ※「**民泊の可否**」も転貸の条件に含まれている。 ②サブリース業者は、**転借人から交付された敷金**について、自己の固有財産と他のオーナーの財産とを分別して管理しなければならない。
維持保全の実施方法 （10条）	サブリース業者は、**維持保全業務の一部**を、他の者に再委託することができる。ただし、一括して他の者に委託してはならない。
維持保全に要する費用の 分担（11条） ❷	①オーナーは、サブリース業者が物件を使用するために**必要な修繕**を行わなければならない。ただし、**サブリース業者が実施するとされている修繕**と、**サブリース業者の帰責事由**（転借人の帰責事由を含む）によって必要となった修繕はする必要がない。 ②費用負担者は次の通り

ア）契約で**サブリース業者が費用を負担する**としているもの イ）**サブリース業者の帰責事由**（転借人の帰責事由を含む）によって必要となった修繕	**サブリース業者**

	上記以外	オーナー

③オーナーが修繕を行う場合は、**あらかじめサブリース業者を通じて**、その旨を**転借人に通知**しなければならない。
④サブリース業者は、**修繕が必要な箇所を発見した場合**には、その旨を速やかにオーナーに通知し、修繕の必要性を協議する。
⑤サブリース業者は、**災害又は事故等**により、緊急に行う必要がある業務で、オーナーの**承認を受ける時間的な余裕がないもの**については、オーナーの承認を受けないで実施できる。この場合、サブリース業者は、速やかに書面をもって、その業務の**内容・費用の額をオーナーに通知**しなければならない。

維持保全の内容等の転借人に対する周知（12条）	サブリース業者は、**自らを転貸人とする転貸借契約を締結したとき**は、転借人に対し、**維持保全の内容・連絡先を記載した書面又は電磁的方法により通知**する。
維持保全の実施状況の報告（13条）	①サブリース業者は、オーナーと合意に基づき定めた期日に、合意した頻度に基づき定期に、**維持保全の実施状況（転貸の条件の遵守状況を含む）の報告**をする。 ②①のほか、オーナーは、**必要があると認めるときは**、サブリース業者に対し、**維持保全の実施状況に関して報告を求めることができる**。
契約の解除（18条）	オーナーは、サブリース業者が**家賃支払義務を3か月分以上怠った場合**、相当の期間を定めて履行を催告し、その期間内に履行されないときは、**契約を解除できる**。
権利義務の承継（21条）	①契約が終了した場合、オーナーは、転貸借契約における**サブリース業者の転貸人の地位を当然に承継する**。 ②この場合、サブリース業者は、転借人から交付されている**敷金、賃貸借契約書等地位の承継に必要な書類をオーナーに引き渡さなければならない**。

 マスターリース契約時に転貸の条件の契約態様として**普通建物賃貸借**と**定期建物賃貸借**のどちらかを選択する。転貸借契約を定期建物賃貸借にするか否かを**サブリース業者と転借人との合意により決定することはできない**。

 サブリース業者は、**転借人が次の事項に該当する場合、催告することなく、契約の解除ができる**（転貸条件）。

①	**反社会的勢力に転借権を譲渡**、又は**再転貸した場合**
②	反社会的勢力の事務所その他の活動の拠点に供した場合
③	著しく粗野・乱暴な言動等により、付近の住民や通行人に不安を覚えさせた場合
④	反社会的勢力を居住させ、又は**反復継続して反社会的勢力を出入りさせた場合**

 特定賃貸借標準契約書では、借主は、建物の維持保全の実施状況について、貸主と合意した頻度で報告の期日を定めた場合は、それ以外の時期に貸主から求められても実施状況について報告する必要はない。　　　　　　　（R5−39）

答	オーナーは、必要があると認めるときは、サブリース業者に対し、報告を求めることができるので、定められた期日以外でも求められた場合は報告しなければならない。　　　　　　　　　　　　　　　×

合格る■チェックシート 39　広告の規制・入居審査

直前フォーカス

広告の規制では「不動産の表示に関する公正競争規約」の具体的な内容や「おとり広告」が連続して出題されている。今年も要注意だ。入居審査では管理受託方式・サブリース方式で最終決定者を確認しよう。

1．不動産公正競争規約による規制　💡今年のヤマ

賃貸住宅管理業者である宅地建物取引業者が公正取引協議会の構成団体に所属する場合、「不動産の表示に関する公正競争規約」に従い、募集広告を作成する必要がある。

【建物の表示】

新築	建築後１年未満であって、居住の用に供されたことがないもの
マンション	鉄筋コンクリート造りその他堅固な建物であって、一棟の建物が、共用部分を除き、構造上、数個の部分（住戸）に区画され、各部分がそれぞれ独立して居住の用に供されるもの
中古賃貸マンション	建築後１年以上経過し、又は居住の用に供されたことがあるマンションであって、住戸ごとに、賃貸するもの
一棟リノベーションマンション	共同住宅等の１棟の建物全体（内外装を含む）を改装又は改修し、マンションとして住戸ごとに取引するものであって、工事完了前のもの、若しくは工事完了後１年未満のもので、かつ、工事完了後居住の用に供されていないもの

【各種施設までの距離又は所要時間】

道路距離又は所要時間	道路距離又は所要時間を表示するときは、起点及び着点を明示して表示。道路距離又は所要時間を算出する際の物件の起点は、物件の区画のうち駅その他施設に最も近い地点（アパート等にあっては、建物の出入口）とし、駅その他の施設の着点は、その施設の出入口とする。
徒歩による所要時間	道路距離80メートルにつき１分間を要するものとして算出した数値を表示。１分未満の端数が生じたときは、１分として算出
自転車による所要時間	道路距離を明示して、走行に通常要する時間を表示
自動車による所要時間	道路距離を明示して、走行に通常要する時間を表示。その時間が有料道路の通行を含む場合は、その旨も表示

【面積】

面積	メートル法により表示。この場合において１平方メートル未満の数値は、切り捨てて表示

| 建物の面積 | 延べ面積を表示し、これに車庫、地下室等の面積を含むときは、その旨及びその面積を表示。ただし、**中古マンションに**あっては、**建物登記簿に記載された面積を表示** |
| 住宅の居室等の広さ | 畳数で表示する場合においては、**畳 1 枚当たりの広さは1.62平方メートル以上の広さがあるという意味で用いる。** |

2．おとり広告 今年のヤマ

「**おとり広告**」及び「**虚偽広告**」は宅建業法の誇大広告等として禁止される。

おとり広告❶	顧客を集めるために取引する意思のない条件の良い物件等を広告し、実際は他の物件を取引しようとすること
	＜公正競争規約による「おとり広告」＞ ①物件が存在しないため、実際には取引することができない物件を表示 ②物件は存在するが、実際には取引の対象となり得ない物件を表示 ③物件は存在するが、実際には取引する意思がない物件を表示 ※過失により表示した場合でも「おとり広告」となる。
虚偽広告	他の物件情報をもとに、賃料や価格、面積又は間取りを改ざんする等して実際には存在しない物件を広告すること

コメント❶ **成約済みの物件を速やかに広告から削除せずに、継続してインターネット広告等を掲載することは、故意・過失を問わず、おとり広告に該当する。**

3．入居審査

審査のポイント	①実際の申告者が、**書類上の申込者と同一であるかどうかを確認** ②借主や法人の関係者が**反社会的勢力でないかどうかを確認** ③職業・年齢・家族構成・年収等が申込物件にあった妥当なものかを確認 ④申込者が外国人の場合でも**住民票で身元を確認** ⑤入居を断る場合には、提出のあった「**入居申込書**」等の書類を返却
最終決定者	管理受託方式	貸主
	サブリース方式	サブリース業者

この過去問に注意 中古賃貸マンションとは、建築後 3 年以上経過し、または居住の用に供されたことがあるマンションであって、住戸ごとに、賃貸するもののことである。

（R 1 −11）

答 中古賃貸マンションとは、建築後「1 年」以上経過し、または居住の用に供されたことがあるマンションであって、住戸ごとに、賃貸するもののことである。 ×

合格る チェック シート **40**　**鍵の管理・防犯・防災対策等**

直前フォーカス

「鍵の管理」は頻出事項である。「防犯・防火・防災対策」は基本事項を確認しておけば十分だ。「共同住宅に係る防犯上の留意事項」は共用部分の部位ごとの照度を押さえておこう。

1. 鍵の管理 ❶

鍵の交換 の必要性	鍵の交換を怠った物件で、合鍵を使った前借主による盗難等が発生すると、**貸主**や**管理業者**が損害賠償責任を問われる。	
鍵の交換費用	原則	貸主
	例外	①**借主による鍵の紛失の場合** ➡ **借主** ②**ピッキング対応キーへの交換** ➡ **交換を申し出た方**
鍵交換の時期	**リフォームが終了**し、**入居希望者に対する案内も終えて**、入居する借主が決定した後が望ましい。	

 鍵の引渡しの際に、管理業者と借主が立会いの下、**貸室の客観的な情報を残して**おくことで、後日の修繕や原状回復に関するトラブルの防止につながる。

2. 防犯・防火・防災対策

防犯対策	①**出入口ホール**や**駐車場、ゴミ置き場等**に防犯カメラを設置し、**夜間センサーライトを点灯**させる。 ②センサーにより侵入等の異常を感知した場合、**警備会社へ自動的に通報**し、**警備員が駆けつけるシステム**を導入する。 ③**近隣で発生した犯罪情報を掲示板等で知らせ**、深夜帰宅や部屋の施錠に注意を促す。
防火対策	①**駐車場内**の車やバイクに**カバーを設ける場合、不燃性のもの**を使用し、**放火しにくい環境に整備**する。 ②火災発生時の避難通路を確保するため、ベランダの物置・廊下の自転車・階段や踊り場にダンボールや空き箱等を見つけた場合には即座に撤去を要請する。
防災対策	①**賃貸借契約締結時**には、借主に対し、**水害ハザードマップ等**に記載された**避難所の位置について示す**ことが望ましい。 ②ブロック塀の耐震診断や除去・改修等を行う場合、助成金制度の活用を検討することが望ましい。

3.「共同住宅に係る防犯上の留意事項」及び「防犯に配慮した共同住宅に係る設計指針」
国土交通省住宅局と警察庁で共同策定・公表したものである。

（1）共用部分

共用出入口	①周囲からの見通しの確保 ②共用玄関の照明設備の照度：50ルクス以上 ③共用玄関以外の共用出入口の照明設備の照度：20ルクス以上 ④共用玄関は、各住戸と通話可能なインターホンとオートロックシステムが導入されたものであることが望ましい。
エレベーター	①かご内に防犯カメラを設置 ②かご及び昇降路の出入口の扉は、エレベーターホールからかご内を見通せる窓の設置 ③かご内の照明設備の照度：50ルクス以上
共用廊下 共用階段	①見通しの確保 ②照明設備の照度：20ルクス以上
自転車置場 オートバイ置場	①見通しの確保 ②照明設備の照度：3ルクス以上

（2）専用部分

住戸の玄関扉	①破壊及びピッキングが困難な構造の錠の設置、補助錠の設置 ②ドアスコープ・ドアチェーン等の設置
インターホン	オートロックシステムを導入する場合、共用玄関扉の電気錠と連動し、共用玄関の外側との間の通話が可能
住戸の窓	共用廊下に面する住戸の窓及び接地階に存する住戸の窓のうち、バルコニー等に面するもの以外のものは、面格子の設置等
バルコニー	たて樋、階段の手摺り等を利用した侵入が困難な位置に配置

この過去問に注意

共用玄関の照明設備の照度は、その内側の床面においては概ね50ルクス以上とされている。 　　　　　　　　　　　　　　　　　　　　　（R3-11）

> **答** 　共用部分である共用出入口のうち「共用玄関の照明設備の照度」は、その内側の床面において概ね50ルクス以上とされている。　　　○

合格る チェック シート 41 原状回復ガイドライン①

直前フォーカス

「原状回復をめぐるトラブルとガイドライン」は毎年2問程度出題されている。まずガイドラインの性質、「原状回復」の定義と費用負担の考え方をしっかり押さえておこう。

1．「原状回復」の定義

借主の居住、使用により発生した建物価値の減少のうち、「借主の故意・過失、善管注意義務違反、その他通常の使用を超えるような使用による損耗・毀損」を復旧すること

2．原状回復の費用負担の原則

貸主負担 ❶		借主負担		
経年変化	通常損耗	借主の故意・過失	借主の善管注意義務違反	通常損耗を超えるもの

 コメント 1

①次の入居者を確保する目的で行う**設備の交換や化粧直し等のリフォーム**については、「**経年変化**」及び「**通常損耗**」の修繕であり、**貸主**が負担すべきである。

②「**震災等の不可抗力による損耗**」や「**上階の居住者等その借主と無関係な第三者**」がもたらした損耗等についても**貸主**が**負担**すべきである。

3．部位別原状回復費用の負担者

【考え方】❷ ❸

事例の区分 （具体例はP.84〜）		負担者
A	借主が通常の住まい方、使い方をしていても発生すると考えられるもの	貸主
A（＋G）	次の入居者を確保するための化粧直し、グレードアップの要素が含まれるもの	
B	借主の住まい方、使い方次第で発生したりしなかったりするもの（明らかに通常の使用等による結果とはいえないもの）	借主
A（＋B）	借主のその後の手入れ等管理が悪く、損耗が発生、拡大したと考えられるもの	

コメント 2 A（貸主負担）に区分されるようなものでも、損耗の程度によってはB（借主負担）やそれに近いものと判断され、借主に原状回復義務が発生すると思われるものもある。したがって、損耗の程度を考慮し、**借主の負担割合等についてより詳細に決定**することも可能である。

コメント 3 原状回復ガイドラインには、原状回復条件を賃貸借契約書においてあらかじめ合意しておくことが重要であるため、「賃貸借契約書に添付する原状回復の条件に関する様式」（別表3）や原状回復費用の見積りや精算の際の参考とするための「原状回復の精算明細等に関する様式」（別表4）が示されている。

4．特約の扱い

（1）特約の可否

ガイドラインはあくまで「指針」にすぎないので、ガイドラインの内容と異なる特約を定めることができる。**3**

コメント 3 ガイドラインは、裁判例等を踏まえて作成されているので、裁判等になった場合は、ガイドラインの内容が極めて有力な判断基準となる。したがって、原状回復に係る負担の特約がガイドラインや過去の裁判例等に照らして借主に不利であり、それを正当化する理由がない場合には、無効とされる場合がある。

（2）特約の有効要件

「経年変化」や「通常損耗」に対する**原状回復費を借主に負担させる特約**は、次の①～③の要件を満たしていなければならない。

①	**特約の必要性**があり、かつ、**暴利的でない**などの客観的・合理的理由が存在すること
②	借主が特約によって**通常の原状回復義務を超えた修繕等の義務を負う**ことについて**認識**していること
③	借主が特約による**義務負担の意思表示**をしていること

解ける覚え方 特約の有効要件は、①"ぼったくり"ではない、②契約に書いてある、③借主がサインしている、と覚えよう。

 借主に特別の負担を課す特約については、その特約をする必要性があり、かつ、暴利的でない等の客観的、合理的理由があり、借主が、特約によって通常の原状回復義務を超えた修繕等の義務を負うことを認識したうえで、特約による義務負担の意思表示をすることが、その有効性の要件となる。　　　　　　（H27－28）

答 借主に特別の負担を課す特約は、本問の3つの要件をみたしている必要がある。　　　　　　　　　　　　　　　　　　　　○

合格る■チェックシート 42

原状回復ガイドライン②

前フォーカス
　ガイドラインで定められている通常の場合の部位別の原状回復費用の負担者とその考え方は頻出事項である。しっかり整理しておこう。

貸主・借主の原状回復義務負担一覧表　今年のヤマ

【床（畳・フローリング・カーペットなど）】　　　　　　　※区分の考え方はP.82

貸主の負担となるもの	借主の負担となるもの
A（＋G） ①畳の裏返し、表替え 　※特に破損していないが、次の入居者確保のために行うもの ②フローリングのワックスがけ A ③家具の設置による床、カーペットのへこみ、設置跡 ④畳の変色、フローリングの色落ち ※日照、建物構造欠陥による雨漏りなどで発生したもの	A（＋B） ①カーペットに飲み物等をこぼしたことによるシミ、カビ 　※こぼした後の手入れ不足等の場合 ②冷蔵庫下のサビ跡 　※サビを放置し、床に汚損等の損害を与えた場合 B ③引越作業等で生じた引っかきキズ ④畳やフローリングの色落ち 　※借主の不注意で雨が吹き込んだこと等によるもの ⑤落書き等の故意による毀損

【壁、天井（クロスなど）】

貸主の負担となるもの	借主の負担となるもの
A ①テレビ、冷蔵庫等の後部壁面の黒ずみ（いわゆる電気ヤケ） ②壁に貼ったポスターや絵画の跡 ③エアコン（借主所有）設置による壁のビス穴、跡 ④クロスの変色 　※日照などの自然現象によるもの ⑤壁等の画鋲、ピン等の穴（下地ボードの張替えは不要な程度のもの）	A（＋B） ①台所の油汚れ 　※使用後の手入れが悪くススや油が付着している場合 ②結露を放置し拡大したカビ、シミ ③クーラー（貸主所有）から水漏れし、借主が放置したため壁が腐食 B ④タバコ等のヤニ・臭い ※喫煙等によりクロス等が変色したり、臭いが付着している場合

⑤壁等のくぎ穴、ネジ穴
⑥クーラー（借主所有）から水漏れし、放置したため壁が腐食
⑦天井に直接つけた照明器具の跡
⑧落書き等の故意による毀損

【建具等、襖、柱等】

貸主の負担となるもの	借主の負担となるもの
A（＋G） ①網戸の張替え 　※破損はしていないが、次の入居者確保のために行うもの ②地震で破損したガラス ③網入りガラスの亀裂 　※構造により自然に発生したもの	B ①飼育ペットによる柱等のキズ・臭い 　※ペットにより柱、クロス等にキズが付いたり、臭いが付着している場合 ②落書き等の故意による毀損

【設備、その他】

貸主の負担となるもの	借主の負担となるもの
A（＋G） ①全体のハウスクリーニング 　※借主が通常の清掃を怠った場合、借主の負担 ②エアコンの内部洗浄 　※喫煙等の臭い等が付着していない場合 ③消毒（台所・トイレ） ④浴槽、風呂釜等の取替え 　※破損等はしていないが、次の入居者確保のために行うもの A ⑤鍵の取替え 　※破損、鍵紛失のない場合 ⑥設備機器の故障、使用不能 　※機器の寿命によるもの	A（＋B） ①ガスコンロ置き場、換気扇等の油汚れ、すす 　※使用期間中に、清掃・手入れを怠った結果汚損が生じた場合 ②風呂、トイレ、洗面台の水垢、カビ等 　※使用期間中に、清掃・手入れを怠った結果汚損が生じた場合 B ③日常の不適切な手入れもしくは用法違反による設備の毀損 ④鍵の紛失、破損による取替え ⑤戸建賃貸住宅の庭に生い茂った雑草

この過去問に注意

ガイドラインでは、風呂・トイレ・洗面台の水垢・カビ等は、「賃借人が通常の住まい方、使い方をしていても発生すると考えられるもの」に位置づけられており、借主は原状回復義務を負わない。 （H30－25）

答　「借主のその後の手入れ等借主の管理が悪く、損耗等が発生・拡大したと考えられるもの（A（＋B））」に位置づけられており、借主が原状回復義務を負う。 ×

合格る■チェックシート 43

原状回復ガイドライン③

直前フォーカス

ガイドラインで定められている経過年数の考慮等・借主の負担単位も頻出事項である。しっかり整理しておこう。

経過年数の考慮等・借主の負担単位（原状回復の範囲）❶❷❸❹❺ 💡今年のヤマ

部位	経過年数の考慮等	借主の負担単位
畳	【畳表】 ①消耗品に近いもの ②経過年数は考慮しない。 【畳床】 耐用年数：6年	①原則1枚単位 ②毀損等が複数枚にわたる場合は、その枚数（裏返しか表替えかは毀損の程度）
カーペット クッションフロア	耐用年数：6年	毀損等が複数箇所にわたる場合はその居室全体
フローリング	【部分補修】 経過年数は考慮しない。 【全部張替え】 耐用年数：建物の耐用年数	①原則㎡単位 ②毀損等が複数箇所にわたる場合はその居室全体
壁（クロス）	耐用年数：6年	①㎡単位が望ましいが、借主が毀損させた箇所を含む一面分まで ②喫煙等により居室全体のクロスがヤニで変色したり臭いが付着した場合、居室全体のクリーニング又は張替費用
建具	【襖紙・障子紙】 ①消耗品 ②経過年数は考慮しない。 【襖、障子等の建具部分・柱】 経過年数は考慮しない	①襖：1枚単位 ②柱：1本単位

コメント **1**　借主の負担は、建物や設備等の経過年数（入居年数）を考慮し、年数が多いほど負担割合を減少させることとするのが適当であり、経過年数による減価割合は、償却年数経過後の残存価値が1円となるような直線（曲線）を描いて借主の負担を算定する。

部位	経過年数の考慮等	借主の負担単位
設備機器（主なもの）	【流し台】 耐用年数：5年 【エアコン・ガスレンジ】 耐用年数：6年 【書棚・たんす・戸棚】 耐用年数：8年 【便器、洗面台】 耐用年数：15年 【ユニットバス・浴槽】 耐用年数：建物の耐用年数	補修部分、交換相当費用
鍵	【鍵の紛失】 経過年数は考慮しない。	①シリンダーの交換 ②交換費用相当分全額
クリーニング	経過年数は考慮しない。	①部位ごと又は住戸全体 ②通常の清掃を実施していない場合、部位又は住戸全体の清掃費用相当分全額

コメント2 すべての設備等につき、**経過年数（入居年数）を考慮すべきであるとはしていない**。

コメント3 借主の負担単位については、「補修工事が最低限可能な施工単位を基本とする。いわゆる模様合わせや色合わせついては、借主の負担とはしない」とされている。つまり、**模様合わせや色合わせ**の費用は、**貸主負担**となる。

コメント4 借主の故意・過失等による損耗であっても、経年変化・通常損耗の分は賃料として支払ってきているので、借主の負担については、原則として**建物や設備等の経過年数を考慮**し、年数が多いほど負担割合が減少することとなる。

コメント5 経過年数を超えた設備等であっても使用可能な場合があり、このような場合に**借主が故意・過失により設備等を破損し、使用不能としてしまった場合**には、賃貸住宅の設備等として**本来機能していた状態まで戻す費用**（【例】借主が6年を経過したクロスに故意に行った落書きを消すための工事費や人件費等）については、借主の負担となることがある。

この過去問に注意 賃借人が6年間入居後、退去の際に壁クロスに落書きを行った場合、賃借人の負担は残存価値の1円となる。 （R5-10）

答 クロスの耐用年数は6年であるが、借主が落書きを行った場合には、その落書きを消すための費用を負担しなければならず、「残存価値1円」の負担では足らない。 ×

合格る■
チェック
シート **44**

管理業者の会計処理

直前フォーカス

　　会計処理の問題として、管理業者の仕訳は今まで出題はされていないが、本年度は出題される可能性がある。掲載している「仕訳例」は理解しておこう。

1．企業会計原則

（1）企業会計原則は、企業会計の実務の中に慣習として発達したものの中から、一般に公正妥当と認められたものを要約したものであり、法令によって強制されるものではないが、すべての企業が会計処理をするにあたって従わなければならない基準である。

（2）一般原則・損益計算書原則・貸借対照表原則の3つの原則で構成されている。❶❷

コメント ①　一般原則には、①真実性の原則、②正規の簿記の原則、③資本・利益区分の原則、④明瞭性の原則、⑤継続性の原則、⑥保守主義の原則、⑦単一性の原則がある。

コメント ②　企業会計の主な財務諸表には、損益計算書と貸借対照表がある。

損益計算書（P/L）	一会計期間の経営成績を明らかにする。
貸借対照表（B/S）	期末における財政状態を明らかにする。

2．仕訳　💡今年のヤマ

（1）管理業者の会計処理で使用する主な勘定科目とその分類

資産	現金預金、預け金、**未収入金**、前払金、固定資産（土地・建物）
負債	預り家賃、借入金、預り金、未払金、前受金
純資産	資本金、資本剰余金、利益剰余金
収益	管理手数料収入、仲介手数料収入、更新事務手数料収入、補修工事収入
費用	外注費、清掃費、給与、消耗品費、水道光熱費、旅費交通費

（2）複式簿記における勘定科目記載のルール

（借方）	（貸方）
資産の増加	資産の減少
負債の減少	負債の増加
収益の減少	収益の増加（発生）
費用の増加（発生）	費用の減少
純資産の減少	純資産の増加

※「借方」と「貸方」に記載する金額は常に一致する。

（3）仕訳例

物件Aの入居者から家賃10万円を集金し、管理手数料1万円を差し引いたうえでオーナーに支払う場合

<集金時>　　　　　　　　　　　　　　　　　　　　　　　　　　　　　（単位：円）

借方	金額	貸方	金額
現金預金	100,000	預り家賃	100,000

<オーナーへの支払い時>

借方	金額	貸方	金額
預り家賃	100,000	現金預金	90,000
		管理手数料収入	10,000

物件Bの入居者から家賃10万円を集金し、修繕費1万円を施工業者に支払い、差し引いた分をオーナーに支払う場合

【ケース1】管理業者が、オーナーと施工業者の仲介のみをする場合（収益を計上しない）

<集金時>

借方	金額	貸方	金額
現金預金	100,000	預り家賃	100,000

<施工業者の支払時>

借方	金額	貸方	金額
預り家賃	10,000	現金預金	10,000

<オーナーへの支払時>

借方	金額	貸方	金額
預り家賃	90,000	現金預金	90,000

【ケース2】管理業者が、オーナーから修繕業務を委託され、施工業者に外注する場合（収益を計上する）

<集金時>

借方	金額	貸方	金額
現金預金	100,000	預り家賃	100,000

<施工業者の支払時>

借方	金額	貸方	金額
預り家賃	10,000	補修工事収入	10,000
外注費	10,000	現金預金	10,000

<オーナーへの支払時>

借方	金額	貸方	金額
預り家賃	90,000	現金預金	90,000

この予想問題に注意

管理業者がオーナーから管理手数料として5万円を集金した場合の管理業者の仕訳として正しいものは、どのようになるか。

答　借方に資産の増加として「現金預金　50,000」、貸方に収益の増加（発生）として「管理手数料収入　50,000」を計上する。　　（単位：円）

借方	金額	貸方	金額
現金預金	50,000	管理手数料収入	50,000

賃料の回収等

合格る■チェックシート 45

前フォーカス

「賃料の回収等」は、ほぼ毎年出題される重要テーマである。どのような制度や手続があるのかを整理しておこう。

1. 賃料の回収 ❷　💡 今年のヤマ

自力救済の禁止 ❶	内容	法的手続きによらない実力行使（原則、禁止）
	具体例	①鍵を勝手に交換するなどして、借主が部屋に入れないようにすることで、**賃料の支払を促す行為** ②部屋から家財を勝手に持ち出し、**処分・廃棄する行為**
	違反	違反すると次のような可能性がある。 ①民法上の**不法行為**として損害賠償責任が発生 ②刑法上の器物損壊罪・住居侵入罪等に該当
弁護士法の遵守	内容	弁護士でない者は、報酬を得る目的で**法律事務を取り扱うことは禁止**（弁護士法72条）
	管理受託方式	管理業者は貸主に代わって次の行為が**できない**。 ①内容証明郵便を送付 ②裁判所に対する訴訟や和解の申立て
	サブリース方式	管理業者自身が貸主の立場で内容証明郵便の送付や裁判所に訴訟や和解の申し立てを**行える**。

コメント ❶

次のような**賃貸借契約書の定め**は自力救済を認めたものとして無効となる。

①借主が賃料を滞納した場合には、貸主は鍵を交換することができる。

②借主が無断で1か月以上不在のときは、契約が解除され、借主は室内の遺留品について所有権を放棄する。

コメント ❷

借主が死亡し、借主に相続人のあることが明らかでない場合

　賃貸物件内に借主の私物が残っている場合でも、貸主は一定の手続きを取らなければならず、勝手に廃棄することができない。

2. 内容証明郵便・公正証書

	内容証明郵便	公正証書
意義	どのような内容の郵便物を、いつ、誰が、誰にあてて出したかを郵便局（日本郵便株式会社）が証明する制度 ※文書の**内容の真実性**を証明するものではない。 ※謄本は郵便局に5年間保管	①公証人の作成する文書 ②公文書として取り扱われる。 ※**公正証書の原本**は、原則として**公証役場**に20年間保管

効力等	契約解除の意思表示は、内容証明郵便でなくとも効力が生じる。 ※通知内容を証明できるので裁判における証拠価値が高い。	公正証書が、一定の金額の金銭支払い請求に関する文書であり、強制執行認諾文言がある場合、公正証書が執行力を持つ。 ※賃貸借契約の公正証書でも不動産明渡しの強制執行はできない（賃料回収の強制執行はできる）。

3．少額訴訟 今年のヤマ

利用制限	①60万円以下の金銭支払請求に限り利用できる。 ②同一簡易裁判所における同一年内の利用回数は、10回以内に制限
訴え提起	①被告の住所地を管轄する簡易裁判所に訴状を提出する。 ②少額訴訟による審理・裁判を求める旨の申述は、訴えの提起の際にしなければならず、被告がそれに異議を申し出ないときに審理が進められる。
反訴の禁止	被告は反訴の提起ができない。
弁論・判決	①原則として、1回の期日で審理が終了し、口頭弁論終結後直ちに判決が言い渡される。 ②証人尋問手続も在廷している証人であれば行うことができる。 ③判決に対しては、同じ簡易裁判所に異議の申立てをすることができるが、地方裁判所に控訴することはできない。 ④裁判所は、判決の言渡しの日から3年を超えない範囲内で、支払猶予・分割払い・訴え提起後の遅延損害金の支払免除ができる。

4．その他の法的手段 今年のヤマ

支払督促	①貸主の申立てに基づき借主を審尋せず、簡易裁判所の書記官が借主に滞納賃料の支払いを命じる手続 ②借主から異議申立てがあると、通常の訴訟手続に移行 ③借主が異議申立てをせず、かつ支払いがない場合には、貸主は仮執行宣言の申立てをし、強制執行を行うことができる。
民事訴訟	貸主又は借主が、裁判所に法律上の請求又は確認を求める訴状を提出し、裁判所の判断を求める手続 ※訴額が140万円を超える場合は地方裁判所、140万円以下の場合は簡易裁判所に申し立てる。

5．強制執行の実務 ❸

債務名義の種類	
①確定判決	②仮執行宣言付き判決
③仮執行宣言付き支払督促	④和解調書
⑤調停調書	⑥強制執行認諾文言付き公正証書

コメント ❸ 強制執行は、国家が強制的に権利の実現を図る制度であり、債務名義（強制執行を基礎づける文書）に執行文（裁判所の「強制執行してもよい」という書類）を付与されることにより行われる。

この過去問に注意

未収賃料を回収する目的で、管理業者が借主の承諾を得ずにドアの鍵部分にカバーをかけ、借主の入室が困難な状態にした場合、管理業者が損害賠償責任を負うことはあっても、貸主が損害賠償を負うことはない。　　　　（H28－22）

答　委託者である貸主も自力救済に該当し、不法行為として損害賠償責任を負う可能性がある。　　　　　　　　　　　　　　　　　　　　　　×

合格る
チェック
シート **46**

賃貸管理と不動産証券化業務

直前フォーカス

　不動産証券化は例年1問程度出題されてる。「プロパティマネジメント」と「アセットマネジメント」の理解を中心に、主に用語の意味が出題される。過去の頻出事項をしっかり整理しておけば十分だ。

1．不動産証券化の仕組み

不動産証券化	不動産の権利を証券に結びつけることを前提にして、**不動産投資と不動産事業の管理運営**をマネジメントする仕組み
資産流動化型	投資対象が先に決まり、その後に資金を集めるタイプ（「**はじめに不動産ありき**」の不動産証券化の仕組み）
	投資期間が定められており（多くは3〜5年）、期間の経過により投資法人は解散し、投資家は投資資本を回収する。
ファンド型	先に資金を集め、その後に投資対象が決まるタイプ（「**はじめに金ありき**」の不動産証券化の仕組み）
	①投資期間は定められず、**投資持分の譲渡**により投資家は投資資本を回収する。 ②ファンド型では投資持分を回収するための市場が必要となり、**Jリート**がこれに当たる。
デット （負債）	一定の期限までに返済しなければならない金融機関等からの借入れや社債による資金
	①利息の支払や元本の返済に関して**エクイティに優先する**。 ②利益が固定され、安全性が高い（**ローリスク・ローリターン**）。
エクイティ （資本）	投資家から組合出資や優先出資証券等を通じて払い込まれる資金
	①支払や元本の返済に関して**デットに劣後する**。 ②利益は固定されず、安全性は低い（**ハイリスク・ハイリターン**）。

2．アセットマネジメント・プロパティマネジメント等　　💡今年のヤマ

アセット マネジメント （AM）	資金運用の計画、決定・実施、実施の管理を行う業務
	①投資家から委託を受け、① 総合的な計画を策定して、② 投資を決定・実行し、③ 借主管理・建物管理・会計処理などについてプロパティマネジメント会社からの報告を受けて投資の状況を把握し、④ 現実の管理運営を指示しながら、⑤ 売却によって投下資金を回収する、という一連の業務 ②アセットマネージャー（アセットマネジメント業務を行う専門家）は、プロパティマネジメント会社を選定し、プロパティマネジメント業務を委託する。

プロパティ マネジメント （PM）	実際の管理・運営を行う業務
	①アセットマネージャーから委託を受け、その指示のもとに、現実に不動産の管理運営を行い、**キャッシュフローを安定**させ、不動産投資の採算性を確保する業務
	②プロパティマネジメントにおいては、**賃料等を徴収**し、**預託金を受領**し、必要な経費を支出し、アセットマネージャーとの間で精算を行う。
	③プロパティマネジメントは、投資家から委託を受け、投資家のために行う業務であるともいえる。
コンストラクション マネジメント （CM）	中長期的な建物・設備の改修・修繕の計画を策定、実施する業務
	プロパティマネジメント業務には、**CMも取り入れられはじめて**いる。
テナント リテンション	借主の維持
	可能な限り**既存の借主が退出しないように引き留め、維持**しておくことは、重要なプロパティマネジメント業務である。
ノンリコース ローン	債務者の総財産には**遡及せず**（取立てが及ばない）、特定の資産（責任財産）から生ずる**キャッシュフローのみを返済原資**とする借入れ

3．PM業務において重要性の高い業務

①	報告業務
	アセットマネージャーに対する**報告書提出**は、プロパティマネジメントにおいて重要な業務である。
②	調査・提案業務
	ア）**投資家の判断に資する**ものであることが求められる。
	イ）調査・提案すべき内容は、次のとおり**賃貸管理業務の全般**にわたる。 　・賃料設定・借主募集方法・契約後の安定的な賃料取得のための活動に関するものなど賃貸借にかかわるもの 　・建物・設備の維持保守管理、修繕計画など建物・設備にかかわるもの
	ウ）プロパティマネージャーには、**収益拡大とコスト削減**の両面から、具体的に、計画の基礎資料の収集、計画策定等の調査・提案が求められる。
③	所有者の交代に関する業務
	ア）**所有者の交代**に際し、旧所有者から新所有者に**貸主の地位が円滑に引き継がれる**ように尽力することは、重要なプロパティマネジメント業務である。
	イ）プロパティマネジメント会社は、自らの業務に合理性があることについて、説明責任を果たすための客観的な根拠を常に準備しておかなければならない。

投資家からみて、デットによる投資は、利息の支払や元本の償還においてエクイティに優先して安全性が高いことから、リターンの割合は低くなる。（R5－50）

答　デット（負債）による投資は、利息の支払や元本の償還においてエクイティ（資本）に優先するものであり、利益が固定され、安全性が高いが、リターンの割合は低くなる。　　　　　　　　　　　　　　○

合格る■チェックシート 47 ## 公的な土地の価格・事業計画・保険

🔍 **直前フォーカス**

　公的な価格の種類と内容、借入金の2つの返済方法を押さえておこう。保険は毎年出題されている頻出テーマ。貸主・借主、それぞれが加入する保険の内容を整理しておこう。

1．公的な土地の価格

種類	内容	基準時・公表時期等
公示価格 （公示地価）	地価公示法により、土地鑑定委員会が決定する標準地の価格	毎年1月1日時点の価格 （3月に公表）
基準地の価格 （基準価格）	国土利用計画法により、都道府県知事が決定する基準地の価格	毎年7月1日時点の価格 （9月に公表）
路線価 （相続税路線価）	相続税・贈与税の課税における宅地の評価を行うために国税庁が決定する価格（**公示価格の80％程度**）	毎年1月1日時点の価格 （7月に公表）
固定資産税評価額	固定資産税を課税するための価格であり、総務大臣が定めた固定資産評価基準により、市町村長が決定する価格（**公示価格の70％程度**）	基準年度の初日の属する年の前年の1月1日の時点の評価額 （3年ごとに評価替え）

2．事業計画

（1）事業計画策定の手順

①総事業費を算出して**資金調達の方法**を検討

②事業を実行した場合の**収入と支出（収支計画）**を検討

③オーナーによる**事業収支**の評価

※事業が単体としては利益を十分にあげられない場合でも**相続税対策として効果**があれば、**事業実施の判断**に至ることもある。

（2）借入金の返済方法

元利均等返済	**毎月の返済額が同じ額になる返済方法** ①当初は金利支払いの方が元金返済より多くなるため、元金の返済額が少なく、経費に計上ができる金利分が多い。 　➡納税額が少なくなり、剰余資金が多く出る傾向がある。 ②**不動産賃貸事業資金の融資に多く採用**される返済方法
元金均等返済	**毎月の返済額のうち元金部分が同じ額になる返済方法** ①当初は返済額が多いが、**総支払額は少ない**。 ②返済が進むにつれて、**毎月の返済額が減っていく**。

3．保険 今年のヤマ

（1）保険の意義

①保険とは、将来生じうる危険に対し、**一定の保険料を加入者が公平に分担し**、万一の事故に対して備える相互扶助の精神から生まれた制度である。

②賃貸不動産の経営におけるリスクを軽減・分散するための重要な方策の１つが保険の利用である。

③類焼による被害を受けても、**失火者に重大な過失がない場合、失火者には損害賠償責任を問えないので**（失火責任法）、オーナーは類焼被害に対して火災保険に加入して備えておく必要がある。

（2）保険商品の分類 ❶

保険業法上の分類		具体例
第一分野	生命保険	終身保険・定期保険・養老保険
第二分野	損害保険 ※賃貸経営に最も有用	火災保険・地震保険・賠償責任保険
第三分野	第一分野と第二分野の中間	傷害保険・医療保険・がん保険

 コメント ❶

・保険会社によって、特性が異なり、どの範囲で補填がされるのかは、同一でない。
・保険料率は、例えば、同じ木造建物であっても**構造・地域等により火災の危険度は異なる**ため、それぞれの危険度に応じて決定される（全国一律ではない）。

（3）貸主が加入する保険

火災保険	火災、落雷、風災、雹（ひょう）災等を原因とする建物や家財の損害を補償
地震保険	地震、噴火、津波を原因とする**建物や家財の損害を補償** ①住宅の火災保険に付帯して加入する保険で、単独での加入はできない。 ②保険金額は、主契約の**火災保険の保険金額の30〜50％以内**の範囲で、建物5,000万円、家財1,000万円までである。 ③主契約である火災保険の保険金額と同額ではない。
施設賠償責任保険	アパート等の施設の**管理不備・構造上の欠陥**が原因で、第三者にケガを負わせたり、第三者の物を壊した場合に、**貸主の負う賠償責任を補償**

（4）借主が加入する保険

借家人賠償責任保険	火災、爆発、水漏れ等の不測、かつ、突発的な事故によって、貸主（転貸人）に対する法律上の損害賠償責任を負った場合の賠償金等を補償
	住宅の火災保険に付帯して加入する保険で、単独での加入はできない。

この過去問に注意

賃貸不動産の借主は、自己の家財に対する損害保険として、借家人賠償責任保険に単独で加入することができる。 　　　　　　　　　　　（R２−42）

答 貸主に対する法律上の損害賠償を負った場合の賠償金等を補償するものであり、火災保険に付帯して加入する。単独で加入することはできない。 　　　　　　　　　　　　　　　　　　　　　　　　　　　　　×

合格る■チェックシート48

賃貸不動産経営と税金①

直前フォーカス

不動産賃貸経営に関する税金は毎年1・2問程度出題される。
ここでは固定資産税・都市計画税・消費税の基本事項を押さえておこう。

1. 不動産取得税

課税主体	不動産が所在する都道府県	
納税義務者	有償無償を問わず、不動産（土地や建物）の所有権を取得した者	
計算式	税額 ＝ 課税標準額（固定資産税評価額）× 4％（標準税率）	
納税方法	納税通知書による**普通徴収**	
特例 （軽減措置）	土地・住宅	税率…3％
	宅地	課税標準…1 / 2
	新築住宅	課税標準…1戸につき1,200万円控除 【適用要件】 　貸家住宅の場合は40㎡以上240㎡以下

2. 固定資産税　💡今年のヤマ

課税主体	固定資産（土地・建物等）が所在する**市町村**	
納税義務者	毎年1月1日時点の土地・建物等の所有者 ※1月2日以後に取得した場合、その年度の固定資産税を納める必要はない。	
計算式	税額 ＝ 課税標準額（固定資産税評価額）× 1.4%（標準税率）	
納税方法	納税通知書による**普通徴収** ❷	
特例 （軽減措置）	住宅用地 ❶	①小規模住宅用地（200㎡以下の部分）：課税標準 × 1 / 6 ②一般住宅用地（200㎡超の部分）：課税標準 × 1 / 3
	新築住宅	税額…1 / 2 （120㎡までの部分） 【適用要件】 　貸家住宅の場合、40㎡以上280㎡以下

❶ 空家対策特別措置法の「**特定空き家等**」に対しては、必要な措置が講じられない場合、上記の小規模住宅用地の特例が適用されなくなり、固定資産税が最大で6倍になる可能性がある。

コメント 2
①普通徴収とは、納税通知書を納税者に交付することによる徴収方法である。
②固定資産税の課税標準や税額について不服がある場合は、市町村長等に審査請求できる。

3．都市計画税

課税主体	土地・建物が所在する市町村	
納税義務者	毎年1月1日時点の市街化区域内にある土地・建物の所有者	
計算式	税額 ＝ 課税標準額（固定資産税評価額）×0.3％（最高税率）	
納税方法	納税通知書による普通徴収（固定資産税と一括納付）	
特例 （軽減措置）	住宅用地	①小規模住宅用地（200㎡以下の部分）：課税標準×1/3 ②一般住宅用地（200㎡超の部分）：課税標準×2/3

4．消費税 ❸ 💡今年のヤマ

課税	非課税
【課税売上】 ①事務所・店舗などの賃料 ②礼金、当初から返還しないことが確定している保証金、敷金 ③駐車場収入	**【非課税売上】** ①住宅の貸付けによる賃料（1か月以上） ②地代（1か月以上） ※1か月未満の「住宅の貸付けによる賃料」と「地代」は消費税が課税される。
【課税仕入】 ①水道光熱費・修繕費等営業経費 ②仲介手数料 ③ローン事務手数料 ④建物の購入代金・建築請負代金（令和2年10月1日以降の居住用建物については、原則、認められない）	**【非課税仕入】** ①ローンの金利・保証料 ②火災保険料・生命保険料 ③保証金・敷金（返還されるもの） ④土地の購入代金

 コメント 3
①消費税の**仕入税額控除の方式**として**適格請求書等保存方式（インボイス）制度**が導入され、**仕入税額控除の適用**を受けるためには、交付を受けたインボイス（税率区分が記載された請求書等）を保存する必要がある。
②2023（令和5）年10月1日から2026（令和8）年9月30日までの日の属する課税期間においては、**経過措置として、**免税事業者が課税事業者（適格請求書発行事業者）になった場合には、納付税額を課税標準額に対する消費税額の2割とすることができる。

 この過去問に注意
固定資産税及び都市計画税は、住宅用地について課税標準の軽減措置が講じられている。
　　　　　　　　　　　　　　　　　　　　　　　　　　　　　　　（H28−35）

答 　固定資産税の場合、住宅用地について200㎡以下の部分は課税標準を1/6、200㎡を超える部分は1/3とし、都市計画税の場合、200㎡以下の部分は課税標準を1/3、200㎡を超える部分は2/3とする軽減措置が講じられている。　　　　　　　　　　　　　　　　　　　　　　　○

合格る■チェックシート49 賃貸不動産経営と税金②

直前フォーカス

相続税・贈与税は、管理業務に携わる上で知っておかなければならない税金の一つであり、今年は要注意だ。その他の税金もポイントを押さえておこう。

1．相続税　今年のヤマ

相続税の計算式	課税遺産額 ＝ 正味の遺産額 － 基礎控除額 ※これを法定相続分により各相続人に按分し、相続税率（10～55％）を乗じて各相続人の相続税額を算出			
基礎控除額の計算式	3,000万円 ＋ （600万円 × 法定相続人の数） ※法定相続人には相続を放棄した者も含まれる。			
申告・納税期限	被相続人の住所地の所轄税務署長に対し、相続開始があったことを知った日から10か月以内に、申告と納税をしなければならない。			
評価額	土地	原則	路線価額	
		例外	路線価がない場合…固定資産評価額×倍率	
	建物	固定資産税評価額		
貸家建付地の評価額の計算式	自用地（更地）の評価額 × （1 － 借地権割合 × 借家権割合（30％）× 賃貸割合）❶ ※借地権割合は、首都圏の住宅地の場合、通常60～70％の地域が多い。 ※賃貸割合は、各独立部分の床面積の合計うち、相続開始時に賃貸されている部分の床面積に占める割合（満室なら100％）をいう。			
貸家の評価額の計算式	建物の固定資産税評価額 × （1 － 借家権割合（30％）×賃貸割合） ※貸家については、一律30％の評価減が認められている。			
小規模宅地の評価減の特例	適用対象となる宅地等		減額割合	限度面積
	被相続人と同一生計親族が居住していた自宅の敷地等（特定居住用宅地等）		80％	330㎡
	被相続人等の貸付事業の用に供されていた宅地等（貸付事業用宅地等）		50％	200㎡

 ❶ 貸家建付地の評価額

例えば、**賃貸割合**が100％の場合、**借地権割合**が70％の地域では、「**借地権割合70％×借家権割合30％×賃貸割合100％ ＝ 21％**」となり、更地の場合に比べ21％の**評価減**となる。

2. 贈与税 今年のヤマ

計算式 （暦年課税）	税額＝（贈与財産価額－基礎控除額110万円）×税率 ※**相続時精算課税の特例を選択**すると、その年以降、すべて相続時精算課税の特例が適用され、**暦年課税に変更できない**。❷

 ❷

①**相続時精算課税制度**とは、生前の贈与について贈与税を納税（贈与財産から2,500万円を控除し、一律20％で課税）し、その後相続時に精算する制度である（相続財産に加算される金額は、贈与時の評価額）。

②相続時精算課税を選択した受贈者が、**2024（令和6）年1月1日以後に贈与**により取得した財産のその年分の贈与については、2,500万円の控除前に贈与税の課税価格から**基礎控除額110万円を控除できる**。

3. その他の税金のポイント

印紙税	①不動産の売買契約書・建物の建築請負契約書・ローン借入れのための金銭消費貸借契約書等の文書に**印紙税が課税**される。 ②印紙税は、業務上の契約書等や領収書に貼付した場合には、**個人は所得計算の必要経費**となり、**法人も損金**となる。 ③**建物の賃貸借契約書**には、**印紙税が課せられない**。 ④次の**受取書**（領収書）等は、**印紙税が非課税**となる。 ア）記載された金額が**5万円未満**のもの イ）**営業に関しない**もの
登録免許税	①所有権保存登記・所有権移転登記・抵当権設定登記等を行うために、**登録免許税が課**される。 ②所有権移転登記では、**売主と買主が連帯して納税義務**を負うが、実際の取引慣行では、**買主が登録免許税を全額負担**する場合が多い。
住民税	①**住民税**は、**所得税法上の所得**をもとに計算される。 ②**住所地の市区町村が税額**を計算して納税者に通知する。 ③納税方法には、**普通徴収と特別徴収**がある。 ※**特別徴収**とは、給料から天引きされる徴収方法である。
空き家にかかる譲渡所得の特別控除の特例	被相続人が亡くなることにより空き家となった家屋とその敷地の両方を相続した相続人が、それらを譲渡した場合に、譲渡所得について**3,000万円を控除**できる。

 この過去問に注意

被相続人と同一生計親族が居住していた自宅の敷地に小規模宅地等の特例を適用する場合には、200㎡までの部分について評価額を50％減額することができる。 (R2-43)

答	本問は「特定居住用宅地等の特例」であるから、330㎡までの部分について評価額を80％減額できる。　　　　　　　　　　　　　　　×

7日目

合格るチェックシート**50**

不動産の貸付による不動産所得（所得税）等

直前フォーカス

不動産所得の申告についての貸主に対するアドバイスは経営支援業務として特に重要である。ほぼ毎年出題されるテーマであるのでしっかり整理しておこう。

1. 申告等　🔆今年のヤマ

申告	①**不動産所得**と他の所得（給与所得等）を合算して**確定申告**により計算 ②サラリーマンも**不動産所得**は確定申告による計算・納付が必要
計算式	**不動産所得の金額 ＝ 不動産の収入金額 － 必要経費**
収入金額	①**賃料**　②**礼金**　③**更新料**　④**地代**　⑤**権利金**　⑥**敷金・保証金**などの名目で受領するが、退去時に返還しないもの　等 ※未収賃料等も収入金額に含める。
収入計上時期	**支払日が定められているもの**　|　定められた支払日 **返還を要しない敷金・保証金**　|　返還を要しないことが確定したとき
青色申告の主な特典	①**特別控除** ア）不動産所得から**10万円を控除** イ）次の要件を満せば**55**（電子申告等を行った場合は**65**）万円を控除 ・**事業的規模**（**5棟又は10室以上**等）による貸付 ・正規の簿記の原則（**複式簿記**）により取引を記帳 ・**貸借対照表・損益計算書**等を添付して、**確定申告** ②**専従者給与** 　生計を一にしている配偶者・親族のうち、**15歳以上**で、事業にもっぱら従事している**青色事業専従者**に支払った給与は、**必要経費**にできる。 ③**純損失の繰り越し** 　純損失が生じたときには、損失額を**翌年以後3年間**にわたって、各年分の所得から差し引くことができる。 ④**その他** 　**30万円未満**の少額備品等を購入時に**全額必要経費**に算入できる（年間**300万円**が上限）。

2. 必要経費　🔆今年のヤマ

認められるもの	①**事業税**　②**消費税**（税込経理による場合に限る） ③賃貸不動産に係る**固定資産税・都市計画税** ④**収入印紙**（印紙税）　⑤**損害保険料**（掛け捨てのもの） ⑥**修繕費**（資本的支出に該当するものを除く）❶ ⑦**不動産会社への管理手数料** ⑧管理組合への管理費　⑨入居者募集のための広告宣伝費 ⑩賃貸経営にかかる税理士報酬・弁護士報酬

	⑪減価償却費 ⑫建築完成披露のための費用 ⑬土地の購入・建物の建築の借入金の利息　　等
認められないもの	①所得税・住民税 ②借入金の元本返済部分 ③家事費（【例】自宅の固定資産税・都市計画税等）

 事業用資産の修理等のための支出が**修繕費**か**資本的支出**かが明らかでない場合、次のどちらかに該当していれば、修繕費となる。

> ①金額が60万円未満
> ②金額が修理等をした資産の前年末取得価額のおおむね10%相当額以下

3．減価償却

内容	①複数年にわたって使用する資産について、その**取得価額をそれぞれの年に振り分ける手続き** ②減価償却費は、税法上定められた方法で金額を計算し、その法定耐用年数（鉄筋コンクリート造47年・重量鉄骨造34年・木造（サイディング張）22年）に従ってそれぞれの年の必要経費とする。❷	
方法	定額法	毎年の減価償却費が同額となるように計算する方法
	定率法	毎年の減価償却費が一定の割合で逓減するように計算する方法

 個人の所得税の算定においては、**取得価額**が10万円未満の**小額**の**減価償却資産**は、**全額**を「その業務の用に供した年分」の**必要経費**として**計上できる**。

減価償却すべき資産 ❸	減価償却の対象としない資産
①建物 ②建物附属設備 ③構築物 ④機械装置 ⑤車両 ⑥器具備品等	①土地 ②左記資産のうち事業の用に供していない部分（自己居住・自己利用部分）

 現在、①**建物**、②**建物附属設備**、③**構築物**は、定額法で計算しなければならない。

4．不動産賃貸経営法人化のメリット

　個人事業の場合には、**資産管理会社**を設立し、収入を会社に移転させることにより、個人であるオーナーと資産管理会社に**所得を分散**させ、超過累進税率の緩和を図ることができる。

．．．

 所得税、住民税及び事業税は、いずれも不動産所得の計算上、必要経費に含めることができない。　　　　　　　　　　　　　　　　　　　　（H27−36）

> 答　事業税は必要経費として認められる（所得税・住民税は必要経費として認められない）。　　　　　　　　　　　　　　　　　　　　　　×

【執筆】
中西伸太郎（TAC専任講師）

2024年度版　賃貸不動産経営管理士　出るとこ予想　合格るチェックシート

（2021年度版　2021年9月6日　初　版　第1刷発行）
2024年7月25日　初版　第1刷発行

編　著　者	Ｔ　Ａ　Ｃ　株　式　会　社	
	(賃貸不動産経営管理士講座)	
発　行　者	多　　田　　敏　　男	
発　行　所	ＴＡＣ株式会社　出版事業部	
	（TAC出版）	

〒101-8383
東京都千代田区神田三崎町3-2-18
電話　03(5276)9492(営業)
FAX　03(5276)9674
https://shuppan.tac-school.co.jp

印　　　刷	株式会社　ワ　　コ　　一	
製　　　本	株式会社　常　川　製　本	

© TAC 2024　　　Printed in Japan　　　ISBN 978-4-300-10937-3
N.D.C. 673

賃貸不動産経営管理士

直前対策シリーズ

ポイント整理やアウトプット対策など、直前期の総仕上げに最適!

直前完全パック　全7回
Web講義フォロー 標準装備!

教室講座
渋谷校・新宿校・池袋校　9・10月開講

| カリキュラム | ●直前30論点集中講義3回
●直前答練3回
●全国公開模試1回 |

ビデオブース講座
9月より視聴開始予定

Web通信講座
9月配信開始予定

通常受講料　**¥33,000**（教材費・消費税込）

（注）全国公開模試を別途お申込みいただく必要はございません。

直前答練パック　全4回
Web講義フォロー 標準装備!

教室講座
渋谷校・新宿校・池袋校　10・11月開講

| カリキュラム | ●直前答練3回
●全国公開模試1回 |

ビデオブース講座
10月中旬より視聴開始予定

Web通信講座
10月中旬配信開始予定

通常受講料　**¥20,900**（教材費・消費税込）

（注）全国公開模試を別途お申込みいただく必要はございません。

直前30論点集中講義　全3回
Web講義フォロー 標準装備!

教室講座
渋谷校・新宿校・池袋校　9・10月開講

デジタル教材サービス対象

ビデオブース講座
9月より視聴開始予定

Web通信講座
9月配信開始予定

通常受講料　**¥14,300**（教材費・消費税込）

全国公開模試　11月上旬 会場実施or自宅受験

全国規模の模試で本試験を疑似体験!

Point1　本試験を徹底分析したTAC渾身の予想問題で予行練習!

Point2　Web解説講義で復習を徹底サポート!
解答解説冊子の他にWeb解説講義を無料配信いたします。間違えた箇所をしっかりと復習することで弱点補強&実力アップにつながります。

Point3　オンライン提出できる「Web模試」サービスでより受験しやすく!
自宅受験（Web模試）の方は、全国公開模試の問題をTAC WEB SCHOOLマイページ上で解答することができます。マークシートを郵送する手間が省け、より受験しやすくなりました。

2023年 合格者の声

松本 正剛さん　総合本科生

答練でもそう感じましたが、本試験同様の完成度で、その年にあった分析の上で出題されていて、自分がどの点が足りないか、ここは理解しているのかがはっきりと理解でき、最終的に本試験に臨めたことが良かったです。

※日程・受講料等の詳細は、2024年8月以降、TAC賃貸不動産経営管理士講座ホームページをご覧ください。

TAC出版 書籍のご案内

TAC出版では、資格の学校TAC各講座の定評ある執筆陣による資格試験の参考書をはじめ、資格取得者の開業法や仕事術、実務書、ビジネス書、一般書などを発行しています！

TAC出版の書籍

*一部書籍は、早稲田経営出版のブランドにて刊行しております。

資格・検定試験の受験対策書籍

- ❂日商簿記検定
- ❂建設業経理士
- ❂全経簿記上級
- ❂税　理　士
- ❂公認会計士
- ❂社会保険労務士
- ❂中小企業診断士
- ❂証券アナリスト

- ❂ファイナンシャルプランナー(FP)
- ❂証券外務員
- ❂貸金業務取扱主任者
- ❂不動産鑑定士
- ❂宅地建物取引士
- ❂賃貸不動産経営管理士
- ❂マンション管理士
- ❂管理業務主任者

- ❂司法書士
- ❂行政書士
- ❂司法試験
- ❂弁理士
- ❂公務員試験(大卒程度・高卒者)
- ❂情報処理試験
- ❂介護福祉士
- ❂ケアマネジャー
- ❂電験三種　ほか

実務書・ビジネス書

- ❂会計実務、税法、税務、経理
- ❂総務、労務、人事
- ❂ビジネススキル、マナー、就職、自己啓発
- ❂資格取得者の開業法、仕事術、営業術

一般書・エンタメ書

- ❂ファッション
- ❂エッセイ、レシピ
- ❂スポーツ
- ❂旅行ガイド (おとな旅プレミアム/旅コン)

書籍の正誤に関するご確認とお問合せについて

書籍の記載内容に誤りではないかと思われる箇所がございましたら、以下の手順にてご確認とお問合せをしてくださいますよう、お願い申し上げます。

なお、正誤のお問合せ以外の**書籍内容に関する解説および受験指導などは、一切行っておりません。**
そのようなお問合せにつきましては、お答えいたしかねますので、あらかじめご了承ください。

1 「Cyber Book Store」にて正誤表を確認する

TAC出版書籍販売サイト「Cyber Book Store」の
トップページ内「正誤表」コーナーにて、正誤表をご確認ください。

CYBER TAC出版書籍販売サイト
BOOK STORE

URL：https://bookstore.tac-school.co.jp/

2 1の正誤表がない、あるいは正誤表に該当箇所の記載がない ⇒ 下記①、②のどちらかの方法で文書にて問合せをする

★ご注意ください★

お電話でのお問合せは、お受けいたしません。

①、②のどちらの方法でも、お問合せの際には、「お名前」とともに、

「対象の書籍名（○級・第○回対策も含む）およびその版数（第○版・○○年度版など）」
「お問合せ該当箇所の頁数と行数」
「誤りと思われる記載」
「正しいとお考えになる記載とその根拠」

を明記してください。

なお、回答までに1週間前後を要する場合もございます。あらかじめご了承ください。

① ウェブページ「Cyber Book Store」内の「お問合せフォーム」より問合せをする

【お問合せフォームアドレス】

https://bookstore.tac-school.co.jp/inquiry/

② メールにより問合せをする

【メール宛先　TAC出版】

syuppan-h@tac-school.co.jp

※土日祝日はお問合せ対応をおこなっておりません。
※正誤のお問合せ対応は、該当書籍の改訂版刊行月末日までといたします。

乱丁・落丁による交換は、該当書籍の改訂版刊行月末日までといたします。なお、書籍の在庫状況等により、お受けできない場合もございます。
また、各種本試験の実施の延期、中止を理由とした本書の返品はお受けいたしません。返金もいたしかねますので、あらかじめご了承くださいますようお願い申し上げます。